公关2010

中国企业舆论环境研究

RESEARCH
ON PUBLIC OPINION
OF CHINESE
ENTERPRISES

主　　编: 马苏格
执行主编: 曾　治

南方日报出版社
NANFANG DAILY PRESS
中国·广州

图书在版编目（CIP）数据

公关 2010 ：中国企业舆论环境研究 / 马苏格主编，曾治执行主编. --广州 ：南方日报出版社，2011.3
ISBN 978-7-5491-0195-5

Ⅰ. ①公… Ⅱ. ①马… ②曾… Ⅲ. ①企业管理－公共关系学－研究－中国 Ⅳ. ①F279.23

中国版本图书馆 CIP 数据核字(2011)第 041372 号

公关 2010——中国企业舆论环境研究 马苏格主编 曾治执行主编

出版发行：南方日报出版社
地　　址：广州市广州大道中 289 号
电　　话：（020）83000502
经　　销：全国新华书店
印　　刷：广州市怡升印刷有限公司
开　　本：889mm×1194mm 1/16
印　　张：15
字　　数：180 千字
版　　次：2011 年 3 月第 1 版
印　　次：2011 年 3 月第 1 次印刷
定　　价：38.00 元

投稿热线：（020）83000503 读者热线：（020）83000502

网址：http://nf.nfdaily.cn/press/

目录

CONTENTS

序一

PREFACE

关键时刻、关键行业和关键梳理

首先要祝贺《公关2010》一书的出版，这是在一个关键时刻，对一个关键行业的一次关键的梳理。

现在是一个关键时刻，整个中国正处在从发展硬实力到发展软实力，从富到强，从外到内的路上。经过30年的发展，我们的GDP已经全世界第二，令人羡慕，但我们却得不到应有的尊敬。没有一家中国企业在全世界受尊敬，没有一件"Made in China"在全世界受尊敬，没有一个外国人想长期生活在中国，中国变成了一个人人向往的淘金地，但大家对这块淘金地缺乏尊重。

其实全世界的大经济体都经历过这个阶段。德国经过两次世界大战，渐渐从世界的制造工厂变成输出软实力的国家。日本同样经过了几次战争，经过了1987年的广场协议，才明白，光向世界输出汽车和电器不可能赢得尊敬。他们走了一条"卡哇伊"道路，让他们的动漫、音乐去影响世界，日本整个国家形象软化了，他们不再是一个疯狂的经济动物，而是变成一个可爱的、内敛的、享受生活的、精神富足的形象。

一个硬实力过度膨胀的大的制造经济体，是令人生畏的绿巨人，自己鼓的很大，其实内心很脆弱，也不受人尊敬，这样的国家形象再也不能在全世界持续了。

除此之外，我们的跨国企业也面临着这个问题。近年来发生了多起国际并购，很多企业成为外国人的股东、老板，但是我们并不受尊敬。

我们的企业家能不能成为国际品牌的主人？最重要的是能不能让那个品牌的价值观发扬光大，而不是让它适应中国市场。像吉利收购沃尔沃，最重要的不是把沃尔沃变成适应中国市场的汽车，而是把他本身的价值观发扬光大，让他更受人尊敬。那些大企业主要意识到这个问题，当你在走向全球的时候，你代表的是一种价值观、文化和生活方式，你不能让那些有着先进的生活方式、人文情怀的品牌适应你这个市场，如果这样，你的收购肯定是失败的。

从国内讲，中国的企业和社会的共识已经彻底破坏，已经到了最低点。30年来，中国的企业使中国从贫穷走向温饱，但与此同时，企业作为一个经济综合体，对员工、对消费者、对股东、对社会、对环境，都亏欠太多。

人们对食品失去了信任，对房地产失去了信任，对网商失去了信任，对央企也失去了信任，没有一个产业是受人尊敬的。以为自己提供生活廉价必需品，就是在创造社会价值，就能赢得社会尊敬，这种商业价值观已经过时了。所有中国的企业都必须明白一点，你要和人民重新订立契约，这个人民，既是消费者，又是股东；既是雇员，又是纳税人。作为消费者的人民、作为股东的人民、作为雇员的人民有更高的要求，不仅仅是财富要求，更是价值观的要求。

中国在快速城市化，但城市化已经成为梦想的怪物，成为拆迁的象征，世世代代作为国人心灵的故乡消失了，很多中国人变成无根的人。苏州水乡变成了世界500强的工厂，地上没有干净的水、天上没有飞鸟，东方威尼斯变成了一个伤心之地。

对那些二三线、三四线城市来讲，如何从运营地产变成运营人文精神，让城市变成新一代国民的栖居之地，这是一个很大的课题。

无论国家、企业，还是城市，都面临形象的转型，公关行业就变成了关键行业。在旧有观念里，要么认为公关不重要，要么认为公关是拙劣的推销、过度营销，这是很片面的认识。公关是给国家、城市和企业添加文化、创意、智慧、人文情怀，是对一种价值观的梳理和传播，把一个硬的东西软化，这是公关行业的使命。

只要有好莱坞和可口可乐，美国的国家形象就一直竖着。为什么可口可乐成为一种生活方式的象征？为什么苹果风靡全世界？那是一种生活方式，是一种价值观。奥巴马说，美国人最大的能力，是把他们的生活方式变成一种主流的商业，推荐给全世界。他们生产的不仅仅是产品，更是一种生活方式：充满爱心、充满文化、充满温情。

很高兴这本书做出了一个努力，梳理出了公关的要旨和本质，这家公司是有远见的公司，他们在做一些这样的事情。我们还需要更多的公关人一起做这样的努力，也需要更多的企业来做这种努力。

《创业家》杂志创始人，企业观察家

序二

PREFACE

2010年对中国而言是大事年，对中国公共关系来说也是不平凡的一年。

首先，从发展的角度看公关，时代赋予公关新课题。

这是一个国家公关的时代。近日，有报道指，中国成为世界第二大经济体，伴随着经济快速发展，国际国内社会对于中国有着更高的期许。作为一个负责任的大国，中国在经济、文化、政治、地区和全球性问题上都需要对人类做出自己应有的贡献。国外常有论调，鼓吹中国崛起带来的威胁。这种论调也许来自于陌生产生的距离感，距离产生的刻板印象。中国如何在崛起过程中适应国际社会种种不同的声音，传递中国的立场，建构中国的国家形象，是时代赋予公关的新课题。

这是一个组织危机四伏的时代。从修辞语艺到价值重建，从权变应对到关系管理，从信心恢复到意义输出，在公共传播的语境中如何寻找应对之策，达成自身立场与公众利益之间的平衡，确已成为当事方、传播者、学术界以及政府管理者共同面对的重大课题。政府、企业、非政府组织在日新月异的信息技术时代，已经很难“独善其身”，面对着境内外各种声音的挑战，传播、沟通、对话，公共关系及危机管理日益凸显出其战略层面的意义和价值。

这是一个网络狂欢的时代。新媒体在很大程度上释放了公众的媒介接近和使用权，草根民声有了释放渠道，普罗大众亦可以争夺话语权，在新媒体语境下众生喧哗。网络媒介是把双刃剑，一方面既有积极的如利益的诉求、正义的伸张、问题的研究，另一方面也同时存在消极的如“网络水军”、“恶性营销”、“网络黑社会”等，公共关系面对的舆论环境和职业道德也同样值得关注。

其次，从公关的角度看发展，公关展现问题解决新视野。

公共关系战略可以为国家赢得适于自身发展的外部环境。中国日益注重塑造良好的国家形象，2010年以来，最具代表性的事件是成功举办上海世博会、广州亚运会以及“中国国家形象宣传片”登陆美国。中国希望通过公共关系的战略理念努力转变国际社会对中国的印象。

公共关系思维提供组织危机应对新思路。当危机发生后，不仅需要利用经济、政治、法律等手段参与危机处理，更需要运用公共关系的理念，通过各种信息传播和沟通协调，应对化解危机的事态，帮助舆情监测、危机预警、控制事态、解决矛盾、处理纠纷、化解冲突、引导舆论、维持关系、争取支持、重建信心、挽回影响、重塑形象等等。

公共关系理念在复杂的舆论环境下凸显价值。公共关系的终极目标是和谐。面对利益关系错综复杂，舆论来源多元交错的舆论环境，公关通过语艺、权变、关系、议题、整合，能够有效地为组织、个人营造和谐环境。

最后，如果全社会都能对公共关系这一新视野加以充分关注，能运用公共关系的理念与方法看待和解决发展中遇到的问题，特别是公关思维理念在品牌战略，沟通传播，危机预防与应对，形象建设等方面的作用，那么国家的和谐、稳定和发展便水到渠成。

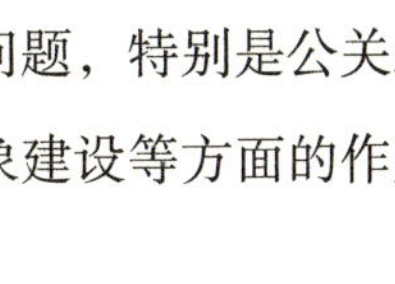

中山大学公共传播研究所所长

企业声誉管理

Corporate Reputation Management

中国企业舆论环境研究

RESEARCH ON PUBLIC OPINION OF CHINESE ENTERPRISE

品牌的本质是声誉

我们已进入一个消费社会，对企业而言则是一个品牌时代。感知、认知、舆论源于事实，又超越事实，也可能异于事实。品牌的本质是声誉，声誉就是人们感知、认知、舆论的综合体。品牌声誉管理已成为现代企业经营管理的一项重要任务。

我无法肯定这里所选的三个案例就是2010年中国大陆企业声誉管理的典型，但至少有一定的代表性。

地产企业和企业家这些年来很容易成为中国社会大众颇多批评、指责、非议的对象，万科作为其之首，自然也经常成了舆论的焦点。上海世博会上，万科作为唯一参展的地产企业，通过“万科馆”向世人传递企业“尊重一切”的价值主张和社会责任，其中没有营销、销售、推销，但品牌声誉得以增值，值得肯定。市场不是万能的，经济学不能解决所有的社会问题。

吉利收购沃尔沃，就其收购过程而言，体现了以往中国企业海外收购重视不足的文化风险，可经主动的跨文化沟通相应得以化解，最后形成声誉良好、品牌双赢的局面。改革开放30年，中国经济的飞速发展得益于世界经济全球化，进入后金融危机时代，中国作为世界经济中的新兴国家，其参与经济全球化的力度，贡献经济全球化的价值，正在不断增大，为此中国企业在国际市场上的作为，尤其是海外收购、并购也会有一个新的高潮，进入一个新阶段，但中国企业完成海外收购，并不意味着并购成功，之后企业及其品牌声誉的可持续发展才是真正的并购成功。

巴菲特、比尔·盖茨慈善中国行引发的公共讨论、争议，以及对中国企业的拷问，一方面显示品牌声誉管理不是慈善作秀，公益无营销；但另一方面也揭示企业需要考虑慈善公益传播与公众期望管理之间的平衡。另外，良好的愿望毕竟无法脱离社会发展的现实。

点评专家:

郭惠民，现任国际关系学院副院长、教授，研究生导师，享受国务院特殊津贴专家；中国国际公共关系协会副秘书长，学术委员会主任委员；注册高级企业风险管理师，为国内最早投身公关事业的学者之一。

万科声誉塑造：讲述关于尊重的故事

2010年5月1日，万众瞩目的上海世博会正式拉开帷幕。在众多国家和世界企业的展馆中，万科是唯一参展的地产企业。被誉为中国房地产行业的第一品牌，万科希望通过世博会这个大舞台向世人传递其企业的价值主张和社会责任。而“万科馆”的成功亮相，完美地诠释了万科的声誉和形象。与其说2010年上海世博会是一个“成果”展览区，不如说是国家、企业的声誉传播平台。

从“200·10”到“2049” 企业声誉从废墟中走过

“200·10”引爆万科“地震” 企业声誉陷入危机泥沼

谈起万科，公众或许仍清晰记得2008年的“捐款门”事件。万科董事长王石在一个不恰当的时刻说了一番“合理”的话——“200万是董事会授权的最大限额，万科员工的捐款以10元为限”。在国难当头的大是大非面前，举国上下投入抗震救灾的群情激昂中，王石的“200·10”言论却不合时宜地挑战了公众道德理念，遭到全国人民的质疑，甚至是谩骂与羞辱，进而引爆了万科自创建以来的最大“地震”。万科在一夜之间成了全民口诛笔伐的大奸商，企业声誉陷入危机泥沼，被汹涌的民意所侵蚀。在媒体与舆论毫不留情的斥责下，王石本人曾数次“无条件道歉”，同时万科紧急召开临时股东大会通过“1亿元”重建灾区的议案，并一再发表声明，称参与四川灾区重建为纯公益性质，不带任何商业以及微利色彩，哪怕只是收回成本。

“捐款门”事件直接造成了万科公司市值在6个交易日内蒸发了204亿元，在2008年《中国500最具价值品牌》排行榜中，万科品牌价值也较去年缩水了12.31亿元。而万科的声誉损失更是无法用数字衡量，其背后的品牌创伤需要长时间的努力才能弥补。

“2049”不卖房子　用故事讲述“尊重”

2010年上海世博会，万科又一次成为舆论的焦点。但这一次没有众人的辱骂，得到的反而是尊重，万科的华丽转身宣告了国内龙头房企的回归。

被命名为“2049”的万科馆，由七个相互独立的筒状建筑组成，巍然矗立于浦江西畔，落落大方地展示着生命的健康与丰盛。“2049”的主要建筑材料为天然麦秸板，各筒之间通过顶部的蓝色透光ETFE膜连成一体，犹如七座金灿灿的麦垛，成为钢筋水泥的天际线上一道独特的风景。据王石介绍，2049意指新中国成立一百周年，万科希望通过这个馆名加深公众对未来的关注，2049既可以是一个人的未来，也可以是一个城市、一个国家甚至整个地球的未来。它还是去往未来的一段旅程，其中蕴含着无限的可能。

谜一样的“2049”唤起了公众对未来的无限遐想，但更令人称奇的是——万科馆不卖房子，而是展示建筑技术，并通过五个小故事来讲述关于人、自然和城市的相互尊重：“金丝猴的故事”，让人类与自然平等对视，展示出人与自然相互尊重、和谐共生的美好图景；“白蚁筑巢”的故事，展示白蚁给仿生学建筑带来的启示；“水的故事”警示人类必须尊重自然的恩赐与馈赠；“沙尘暴的故事”说明人类必须用自己的选择保护自然的平衡；而“垃圾的故事”揭示了城市生活必须尊重自然生态……

从尊重出发　万科赢得声誉

公司声誉是各种利益相关方对于一家企业的综合判断，情感的感染力和社会责任是其中的两大判断标准。情感的感染力使得人们从感性上喜欢、仰慕或信任公司，而一个良好的企业公民，不遗余力地支持社会正义和保护环境的公司能将潜在的声誉转化为实实在在的无形资产。

而“2049”向世人重申了万科的企业理念——尊重。在万科的文化理念里，尊重则是尊重自己、尊重他人、尊重生命、尊重自然、尊重社会、尊重城市文化多样性、尊重居住选择、尊重生活习惯……尊重，是对价值的肯定。因为尊重，一个企业得以高速发展并持续领先，且充满强大的力量；因为尊重，万科为不断改善生活而思考，为提高生活品质而开创；因为尊重，万科敬畏生命，以人为本，赢得了发展的无限可能。

尊重自然　万科低碳化三步曲

“让建筑赞美生命”，作为美好生活的创造者，万科始终关注着健康与成长，并积极倡导绿色建筑，引领地产行业的低碳化革命。

低碳第一步：哥本哈根宣言

早在2009年12月8日，由阿拉善SEE生态协会、WWF（世界自然基金会）、山水自然保护中心和中国企业家俱乐部共同主办的“愿景与行动—中国商界气候变化国际论坛”在丹麦首都哥本哈根举行，王石代表中国企业家宣读了《中国企业家哥本哈根宣言》，承诺将支持中国政府提出的在2020年实现单位GDP二氧化碳排放量比2005年下降40%~45%的减排目标。同时中国企业家在宣言中进一步作出了自己的承诺：努力探索与自然和谐的低碳经济的增长方式，使企业成为认真承担经济增长、生态保护和社会发展的责任的企业公民。

事实上，哥本哈根宣言只是万科对战略环境趋势的直接解读，其一直提倡的绿色、低碳建筑也是从提高竞争力的角度出发，顺应国际大趋势的。尊重自然，地产建筑才能成就美好未来。

低碳第二步：住宅产业化

住宅产业化，是指通过工业化生产的方式建造住宅，以提高住宅质量，同时降低能耗。据了解，工业化住宅产品在美国、日本等发达国家普及率相当高，日本很多建筑都已经实行了住宅工业化。

从生产建筑的角度来看，住宅产业化是一个节约时间、费用以及资源的绿色环保建筑发展方向。对消费者而言，工业化住宅将在质量上有显著提高，其大部分混凝土构件都在工厂机械化生产，现场施工偏差仅以毫米计。而对企业而言，工业化的制造方式将带来效率的提高。

万科在多年前就已经提出了住宅工业化的策略，并在东莞松山湖建立“国家住宅产业化示范基地”研发相关技术，目前，该技术已进入实操阶段。此后，万科相继在上海、深圳、北京等地推出了工业化住宅产品。王石表示，预计到2014年，万科住宅产业化的比例将达到90%。

低碳第三步：“立及行动”

在世博会万科馆日的高峰论坛后，万科公益基金会携手腾讯公益慈善基金会于9月20日在万科馆共同倡议发起了以社区垃圾分类减量为主要内容的“立及行动计划”。据介绍，“立及行动计划”分别取“垃”、“圾”二字的右边，在每月的第四个礼拜六开展，希望把垃圾分类和垃圾减量变为可复制、可计量、可累积的持续的社区行动。

此外，两家基金会希望在2011年3月26日的“地球一小时”活动中，号召超过200万个中国家庭加入“立及行动计划”。通过普通居民的主动参与，实现家庭生活垃圾减量10%，并推动建立政府、企业、非政府组织和家庭参与的垃圾分类回收和垃圾减量网络，显著地减少资源能源消耗，实现节能、低碳的发展方式。

可以说，在低碳化时代的今天，万科以尊重自然的理念，走在了国内地产企业的前列。

尊重人文 坚持“三不”政策

土地是建筑开发必不可少的原材料，土地的持有量将直接影响到地产企业的生存和发展。而土地持有量较少是万科区别于同行的显著特点，这不得不归功于万科长期坚持的“三不政策”——“不囤地、不捂盘、不当地王”。

囤地、捂盘、争当地王是地产企业常见的扩张模式。企业的逐利性本无可厚非，但疯狂追逐利润的最大化而忽视企业的社会责任和人文建设，则往往容易导致企业陷入道义的陷阱。万科在“建筑以人为本”的理念下，推行“三不政策”以保持公司经营和发展的持续性，依托住宅产业化、绿色建筑等方面的先发优势继续领跑行业。依靠尊重的力量，万科多次荣登“中国房地产上市公司综合价值TOP10”榜首，成为“最受客户、最受投资者、最受员工、最受合作伙伴欢迎，最受社会尊重”的企业。

尊重一切　主动履行社会责任

作为对城市化参与度最高的行业之一，房地产业的发展在浩大的建设进程中会产生不可避免的副作用，尤其是环境污染方面。万科总裁郁亮对万科履行企业社会责任的理念和准则作出以下解释：第一，万科希望用更有效的经营和额外的工作来减少破坏，或作出弥补——这是我们履行社会责任的第一层理念。第二，万科希望通过企业的自我完善，来实践并且传播这种理念。第三，作为自然和社会的一分子，最终要在自然和社会中求证存在和发展的意义。基于以上三点，万科将从经营、环境、社会三个维度思考与实践自身的企业社会责任。

在经营维度方面，万科坚持开发普通住宅，满足更多家庭的自住需要。2010年以来，万科已累计销售住宅约9万套，其中90平方米以下户型占销售套数的比例为55%，144平方米以下的占比为88%，绝大部分都属于面向普通家庭的中小户型产品。如果按客户需求划分，万科64%的产品属于首次置业与首次改善性产品。正是这种以“消费者需求”为导向的产品结构，万科在房地产行业中“独树一帜”，切实维护消费者的利益。

在社会维度方面，万科以公益基金会为主积极开展公益慈善。2010年，在基金会捐助的慈善项目中，24.1%用于救灾及灾后教育救助，64.6%用于孤贫儿童大病救治等扶贫助残项目，11.3%用于救援救助及其他项目。万科公益基金会已经在四川、重庆、北京、深圳四地开展孤贫儿童的先天性心脏病救治项目，已资助783个孩子完成手术，顺利康复出院。公益慈善事业的持续开展，进一步拉近万科与消费者的距离，为企业塑造良好的品牌形象建立公众基础。

在环境维度方面，万科已经在全国四个城市15个社区实施垃圾分类、回收和处理，在全国近40个城市的近百个社区试行垃圾分类和回收，15个试点社区的垃圾减量效果均超过30%，最高的实现减量60%。此外，万科还以住宅产业化为平台，推广绿色建筑，推广精装修战略。2010年万科开工100万平方米绿色三星项目，节能减排相当于5415吨标准煤，其中深圳万科城四期、苏州长风学校、上海城花新城已评为绿色三星项目。

在万科的声誉塑造路上，我们读到了许多关于尊重的故事。因为懂得尊重，企业才能赢得支持和信任，才能持续发展壮大。

吉利收购沃尔沃：跨文化沟通树立海外声誉

一个中国草根，一个瑞典贵族，看似不可能发生什么，却最终走到了一起。2010年3月28日，中国浙江吉利控股集团有限公司（简称：吉利集团）在瑞典哥德堡与福特汽车签署最终股权收购协议，获得沃尔沃轿车公司（简称：沃尔沃轿车）100%的股权以及相关资产（包括知识产权）。本次收购涉及金额18亿美元。这宗并购案成为中国汽车业迄今最大的海外并购案。

两年多来，关于吉利并购沃尔沃的消息吸引了无数人的眼球。肯定、否认、追问、再肯定、再否定……间或还有国内外的财团、汽车企业等“第三者”插足，甚至有人曾将这起收购案称作“最八卦的并购”。当美丽传说变成事实的时候，值得我们从公关角度探究，吉利凭什么克服种种质疑与挑战，战胜众多竞争对手，将沃尔沃收入囊中。

门不当户不对的跨国“婚姻”

的确，无论怎么看，吉利想要“迎娶”沃尔沃，都有点门不当户不对。一边是只有十几年历史的中国民营草根汽车企业，一边则是有83年历史、享誉全球的欧洲豪华汽车制造商。一边以制造低端汽车为主，市场主要集中在中国市场，一边则是以制造高档车为主，产品行销欧美。

作为与奔驰、宝马、奥迪齐名的国际豪华汽车品牌，沃尔沃的品牌价值和技术含量远远超过吉利。尽管沃尔沃近年陷入经营困境，销量一路下滑，但仍是一家净资产超过15亿美元、具备造血和持续发展能力的跨国汽车公司。

沃尔沃品牌价值接近百亿美元，拥有4000名高素质研发人才队伍与体系能力，拥有可满足欧6和欧7排放法规的10款整车和3款发动机技术（中国仅有欧4生产技术），年产汽车能力近60万辆，还有分布于全球100多个国家的2400多家经销商。

作为中国自主品牌汽车的一匹黑马，近年来吉利发展神速，但按其整体规模来看，在国内汽车整车厂家中，还进不了第一阵营。在自主品牌汽车厂家中，吉利2009年的销量和销售额也落后于奇瑞和比亚迪。至于研发水平以及资产价值等综合实力，吉利更是无法与沃尔沃相提并论。

吉利收购沃尔沃买到的不仅仅是技术、专利等知识产权和制造设施，还获得了沃尔沃在全球的经销渠道。该项海外并购如果成功，将可以提升中国汽车产业在本土市场的竞争力，为自主创新提供原始技术依据，实现技术跨越，并为中国汽车产业“走出去”提供现成的通道，迅速提升中国汽车及零部件在欧美日市场的比例，解决中国汽车产业自主创新所面临的知识产权问题。

中国汽车技术研究中心主任赵航说，年初国家出台的《汽车产业调整和振兴规划》明确指出：“以结构调整为主线，推进汽车企业兼并重组。”兼并重组有多种形式，不仅是国内企业之间的兼并重组，也要利用国际金融危机带来的机遇并购海外的汽车企业。吉利并购沃尔沃，一是可以帮助中国自主品牌汽车企业尽快走向国际市场；二是可以嫁接国际知名品牌为我所用；三是可以彰显中国汽车产业的实力。

吉利董事长李书福表示，对中国汽车行业，这场国际并购是革命性、前瞻性的，是一件非常伟大的事情。中国汽车要想走向世界，要解决两个问题，第一个是品牌问题，第二个是知识产权问题。到今天为止，中国的汽车要么品牌不行，要么知识产权有问题，所以这一次吉利收购沃尔沃，对于整个中国汽车工业在国际形象、国际地位的提升将很有帮助。

国内外的质疑与反对

国内专家：十年前车之鉴

从国际汽车业来看，以往成功兼并的案例并不多，吃了一肚子哑巴亏的倒不少。而国内“走出去”的例子中，上汽收购韩国双龙也留下了不少前车之鉴。作为中国汽车行业第一起海外收购，上汽收购双龙案例在2005年位列中国十大并购，并一度被视为中国汽车产业标杆。然而，经过五年的风风雨雨，起起伏伏，这场并购终于在全球金融海啸中功亏一篑。

从近年来中国企业的国际收购来看，联想15亿美元收购IBMPC、明基收购西门子手机、TCL收购阿尔卡特手机，基本上都以失败告终。沃尔沃与IBMPC、西门子手机、阿尔卡特手机有着同样的处境，也是所谓的有技术、有品牌，就是亏损得一塌糊涂，价值被低估，适合收购。收购目的很简单，给我们自己的品牌脸上“贴金”，然后获得“走出去”的能力。但是事情往往事与愿违：明基白捡了西门子手机，最终拖垮了自己，不得不放弃品牌业务，重回代工；TCL收购阿尔卡特手机，不仅没获得复苏，反而份额持续下降；联想买来了Think品牌，但是现在Thinkpad已经不是高端PC代名词，逐渐走向低端，而联想在全球的份额并没有因此大幅提升。

鉴于此，许多专家在吉利收购沃尔沃的过程中提出质疑，总结起来有以下五大挑战：

其一，信息不对称。俗话说，买家没有卖家精。在信息高度不对称的收购过程中尤为如此。尽职调查通常只能发现账面的资产负债状况，对管理能力、企业文化、员工抵触、工会制度等关键问题很难准确评估。明基收购西门子手机业务时，财务报表堆满了整个房间，但并没有找出真正的陷阱所在。

其二，工会陷阱。西方汽车制造公司陷入困境，其中一个重要原因就是人力成本高昂。自然的，以成本优势闻名的中国企业具有强大的冲动去扭转这一局面。但是，发达国家普遍存在强大的工会，裁员、降薪甚至考核制度的改变，都需要与工会进行艰苦的谈判。因此才有TCL最终选择了在欧洲花钱裁员止血，明基-西门子被逼无奈宣布破产。

其三，文化挑战。发达国家的企业即使被收购了，他们仍然认为自己是优秀的，内心可能未必服气。除了通常意义上的跨文化冲突之外，中国企业走出去还要面对西方员工的信任陷阱。要让被收购企业员工认同中国企业的管理、战略、价值观是不小的挑战。

其四，能力挑战。收购方要整合被收购对象，最终靠的是组织能力。中国企业发展历史较短，在组织能力上还存在不少短板，驾驭大型跨国界组织的能力更有待培育，特别是跨国供应链管理体系、产品研发体系、绩效考核体系等。尤为关键的是，西方企业重制度和流程，中国企业则强调速度和灵活性，这种基因上的冲突将成为整合的巨大阻力。

其五，人才挑战。进行大型跨国并购的理想人才应具备三方面的优秀素质：对收购方的管理、战略有深刻的理解；有丰富的收购整合经验；跨文化沟通能力。

纵观十年来中国企业的海外并购，应该说是一个门外汉不断摸索与实践的过程——对于并购整合，文化和法律的冲突，特别是劳工法的风险缺乏充分的评估和应对，使中国企业的海外并购交了昂贵的学费。

瑞典各阶层的反对声浪

当吉利要收购沃尔沃的消息传出后，瑞典政府官员、沃尔沃工会和公司管理层普遍持反对态度。当地媒体铺天盖地追问：沃尔沃品牌究竟怎么了？随之而来的还有对中国实力的质疑和对吉利收购动机的猜疑。

沃尔沃工程师团队甚至想自己筹资从福特手里买下沃尔沃“自赎”，也不让沃尔沃“下嫁”给吉利这个穷小子。

沃尔沃轿车公司工程师总会主席马格努斯·松德莫（MagnusSundemo）说：“我们对收购后公司资产状况等设想和计划所知甚少，工程师们曾要求委托一名会计师参与福特卖出沃尔沃的过程，但遭到拒绝。”

包括吉尔（SrenGyll）和约翰松（LennartLJohansson）在内的8位沃尔沃轿车瑞典前总裁2009年12月曾联名上书福特公司，反对将沃尔沃出售。在这封写给福特总裁比尔·福特的抗议信中，8位前总裁要求福特好好分析沃尔沃未来状况，对现有业务进行整合和资产重组，而不是一味寻找买家。

2009年5月，瑞典工商部国务秘书公开在报纸上撰文，公开反对中国企业收购沃尔沃。他称由于在文化和企业管理理念上存在巨大差异，中国人并不是最佳选择。

一些反对意愿强烈的瑞典政客还在《哥德堡邮报》上开设了辩论专栏，公开宣称吉利收购沃尔沃背后有中国政府的强大支持，呼吁不要被假象蒙蔽了眼睛，吉利并不是人们所想象的一个“单纯的中国民营企业”。

来自瑞典西约兰德省的国会议员比尔吉塔·埃里克松（BirgittaEriksson）还就吉利收购沃尔沃后如何控制税收和吉利将如何应对瑞典严格的高税收政策等问题，向瑞典财政部长博里（AndersBorg）公开提出质疑。

工会组织认为收购计划中没有提出沃尔沃未来发展策略，担心会发生裁员等情况。

多数瑞典人对其品牌“转嫁”中国喜忧参半：喜在沃尔沃或许能够依托中国这个新兴的庞大汽车消费市场，弥补在北美和欧洲市场日渐萎缩的汽车销量；忧在沃尔沃的上等技术是否会被中国人“掠夺”，公司文化能否与中国管理层水土相符。

吉利制胜的连环三招

第一招：保护沃尔沃品牌独立

各方利益主体都有自己的利益诉求，无论是福特还是沃尔沃，都有一个共同的愿望，就是收购方能保障沃尔沃品牌未来的发展。在2010年1月底特律车展上，福特CEO穆拉利就表示，“我们希望吉利能继续坚持沃尔沃现有的发展策略，保护好沃尔沃品牌”。

吉利董事长李书福表示，“这将是两个完全独立运作的品牌。如果吉利真的收购成功，沃尔沃仍将是原来的沃尔沃，吉利仍是吉利，除了老板换成了李书福。”他多次强调，吉利和沃尔沃是兄弟之间的关系，不是上下级的关系，不是父子之间的关系。

在收购沃尔沃成功后，李书福承诺，作为新股东，吉利将继续巩固和加强沃尔沃在安全、环保领域的全球领先地位。沃尔沃轿车的用户可以放心，这个著名的瑞典豪华汽车品牌将继续保持其安全、高品质、环保以及现代北欧设计的核心价值。

也就是说，吉利会保证沃尔沃的原汁原味，毕竟它是一个有着80多年历史的世界知名豪华品牌。对沃尔沃的消费者来说，这次收购，只是东家变了，但沃尔沃的销售和服务都不会受到任何影响。

第二招：非整合性并购

根据双方谈判达成的共识，除品牌独立外，吉利将从技术、管理和企业文化的层面保持沃尔沃血统的一惯性，而不是像人们想象中那样“毁”了沃尔沃这家百年老店。

未来的沃尔沃仍将由其独立的管理团队领导，总部仍设在瑞典哥德堡。在新的董事会指导下，沃尔沃轿车的管理团队将全权负责沃尔沃轿车的日常运营，继续保持沃尔沃轿车在安全环保技术上的领先地位，拓展沃尔沃轿车作为顶级豪华品牌在全球100多个市场的业务，并推动沃尔沃轿车在高速增长的中国市场的发展。

另外，沃尔沃目前的工厂、研发中心、工会协议，还有它在全球的2000多家经销商这一网络都将得以保留，同时沃尔沃将借此进一步增强在中国市场的销售网络和采购渠道。吉利集团将保留沃尔沃轿车在瑞典和比利时现有的工厂，同时也将适时在中国建设新的工厂，使得生产更贴近中国市场。

李书福表示，对于并购企业，唯一需要改变的是考核与奖惩办法。吉利计划加强沃尔沃的管理层激励机制和绩效考核，并聘请高度国际化的管理团队参与过渡期和未来沃尔沃品牌的经营管理。

第三招：中国市场的支持

其实，这场门不当户不对的“婚姻”能最终成功，得益于中国市场的巨大吸引力。

2009年，在欧美日等主要豪华车市场大幅萎缩的背景下，中国豪华车市场却以超过40%的增速高速增长，其中，沃尔沃轿车2009年在中国的销量增长了80%以上。在汽车产业调整振兴规划的政策背景下，中国汽车市场未来几年也有望进入黄金发展期。这些都给吉利收购沃尔沃带来巨大的“加分因素”。

沃尔沃(中国)公司CEO柯力世博士说，从民族感情上看，中国消费者很希望看到本土品牌对国际品牌的收购，这有助于消费者对沃尔沃的认可，也可以扩大沃尔沃在中国豪华车市场的份额。同时，吉利完成收购后，沃尔沃会成为中国唯一的豪华车生产商，相信中国政府会给予沃尔沃更多的支持。

吉利成功并购背后的大公关策略

吉利此次成功并购沃尔沃，反应出中国企业在整体并购策略上日益成熟，另一方面也显示出在海外并购中的公关智慧。吉利在并购前后一直采取的是主动的沟通策略，在国内国外舆论方面一直保持着正面引导的积极态势，这显然也是中国企业在海外并购中重视声誉管理的一次成功典范。

专业国际团队进行跨文化沟通

挖来具有国际背景的收购团队

为完成收购，吉利也频频挖来了几个“专业”、“具有国际视野”的人才，以推动收购的进行。原华泰汽车总裁童志远加盟吉利，成为吉利“中国沃尔沃轿车项目”CEO。原菲亚特动力科技中国区总裁沈晖加盟吉利，负责沃尔沃项目谈判工作。曾在BP石油工作多年的张芃两年前加入吉利担任副总裁，之前曾参与了吉利与英国锰铜公司的谈判，上海英伦TX4的生产是这次合作的结果。同在BP石油工作多年的袁小林，拥有丰富跨国并购经验，担任本次收购沃尔沃项目的新闻发言人。

幕后游说团队相助

在收购协议签署后，路透社爆出吉利收购沃尔沃的幕后团队——由中国资深的女银行家、两名顶尖的瑞典籍汽车业内人士、一名“伦敦市长的儿时伙伴”领导的罗思柴尔德银行团队，帮助吉利成就了中国最大的民营企业海外汽车业收购案。

罗思柴尔德银行是古老的欧洲银行，在很多国家政界和经济界都有发达的人脉。路透社透露，罗思柴尔德银行大中华区总裁俞丽萍帮助吉利疏通与中国政府的关系，因为中国政府的支持对吉利至关重要。“伦敦市长的儿时伙伴”则在复杂的知识产权问题谈判上发挥了关键作用。另外两位瑞典籍人士则帮助吉利与沃尔沃的员工、工会和供应商进行沟通。

聘请专业咨询公司

富尔德律师事务所负责收购项目的相关法律事务，完成知识产权、商业协议、诉讼、雇佣、不动产、进口、海关及关税、经销商及特许经营、竞争及国家援助等方面的法律尽职调查，以及全部交易文件的全面标注。

德勤财务咨询服务有限公司负责收购项目的财务咨询。目前已就沃尔沃公司的财务、税务、包括成本节约计划和分离运营分析（不含商业分析）、信息技术、养老金、资金管理和汽车金融进行了调查。

洛希尔投资银行，作为收购项目的财务顾问，负责对卖方的总体协调，并提供对沃尔沃的估值分析。

博然思维集团，作为项目的公关顾问，负责项目的总体公关策划、媒体战略制定和实施。目前正对全球范围内的相关媒体报道和公众舆论进行监测。大型跨国并购需要专业的公关公司在所有这些层面以及公共媒体进行充分和及时的沟通，以保证并购的顺利进行。沟通不充分往往会给出售方和买方造成很大的社会压力，最终影响双方的决策。

真诚沟通化解敌意

对于沃尔沃的员工以及瑞典人来说，对吉利知之甚少是个大问题，而且在瑞典人的感觉中，中国是一个闭塞的国家。为此，吉利在中国驻外机构的协助下，花了几个月的时间对瑞典政府官员、企业高层和工会领袖做了大量工作。

在一次与沃尔沃工会谈判时，对方问李书福：你能不能用三个字形容你为什么比其他竞争者更好？与会的福特高层为吉利解围，说“三个字怎么讲得清楚”。而李书福语出惊人：“可以，I LOVE YOU。”一句“我爱你”给对方留下了深刻的印象，沃尔沃一副拒人于千里之外的态度开始发生改变。在吉利和福特汽车签署最终收购协议前一天，吉利已经彻底赢得了沃尔沃的“芳心”：沃尔沃工会组织表示支持吉利收购沃尔沃。工会首先站出来表示支持，这在全世界的并购中都不多见。

2009年10月，福特宣布吉利为优先竞购方当天，吉利明确表示实现并购后会尊重沃尔沃品牌，并将保持沃尔沃的独立；总部设在瑞典哥德堡不变，沃尔沃目前的工厂、研发中心、工会和经销商网络将被保留。此举化解了敌意，瑞典媒体口风发生变化，主流的声音开始关注吉利，并看好这桩收购案。

瑞典政府及沃尔沃公司高层对这项收购也开始持正面态度。瑞典副首相兼工商大臣莫德·奥洛夫松说，瑞典政府欢迎吉利收购沃尔沃，一是因为中国及其周边地区是汽车工业的未来，对沃尔沃在这个市场上占据一席之地至关重要。另外，沃尔沃要想生存，必须找到一个既有足够财力又有足够持久力的买家。

沃尔沃轿车公司的一位部门经理艾维尔斯特朗德（PeterEwerstrand）认为，吉利收购沃尔沃不一定是件坏事。在接受《瑞典日报》采访时，他说："吉利如果像它承诺的那样，将维护和加强沃尔沃世界级品牌的传统地位，并继续发扬此顶级品牌在安全性和环境技术方面的全球声誉，将沃尔沃作为一个独立的子公司来运营，那我认为吉利会是个不错的收购商，沃尔沃会获得新注入的资金，进入需求更旺盛的消费市场。"

瑞典副首相兼贸易工业部长乌洛夫松（MaudOlofsson）2009年12月23日表示，虽然收购过程复杂，还有很多重要问题亟待解决，但福特向吉利敞开大门是好兆头。瑞典社民党也对吉利收购沃尔沃表示欢迎。

吉利收购沃尔沃大事记

- 2008年12月由于陷入破产危机，福特宣布出售沃尔沃轿车业务
- 2009年9月吉利首度证实竞购沃尔沃，可能联手内地政府
- 2009年10月28日福特宣布吉利成为沃尔沃的优先竞购方
- 2009年12月23日福特称交易双方达成共识，有望在2010年第二季度结束交易
- 2009年12月商务部表示支持吉利汽车收购沃尔沃
- 2009年12月吉利为"迎娶"沃尔沃，招兵买马新加盟数名高层
- 2010年2月由于融资问题，双方谈判陷入僵局
- 2010年3月23日吉利称收购正在有序进行，有望在3月31日前最终签署协议
- 2010年3月28日吉利正式和福特签署沃尔沃汽车的收购协议

巴菲特、比尔·盖茨慈善中国行考验中国企业品牌声誉

曾经，一名叫胡润的英国人用“中国富豪排行榜”向世人揭示了中国富豪们的财富从何而来——他们的资产，他们创造财富的轨迹。而今，比尔·盖茨与沃伦·巴菲特两位美国人则以极其绅士的方式，微笑着与这些排行榜上的中国富人们面对面地讨论财富向何处去。

两位美国富豪采用了人类最常见的沟通方式：饭局——正式说法是“慈善晚宴”。巴菲特、比尔·盖茨于9月29日举办慈善晚宴，盛邀中国富豪50人的消息如重磅炸弹，在国内掀起中国式慈善的热议。这顿饭局成了受邀中国富豪史上最难做出决定的一次饭局，他们的纠结、挣扎丝毫不亚于哈姆雷特关于“生存与死亡”的选择：去也不是，不去也不是。回望2010年的中国公益界，最热闹、最有看头的大戏，自然非“巴比慈善晚宴”莫属。一开始，这出戏就被围观、猜测、误读与不信任所纠缠，并一直伴随其直到最终的戛然而止。期间牵扯出的话题，从只关涉私人的慈善捐赠扩及法律、制度、文化、国情、精英责任、财富原罪、“阴谋论”、民族主义等等，既将国人的情绪、智慧调动到了前所未有的亢奋状态，也将中国的富豪们推到舆论的风口浪尖，硬生生地将这出戏的前传“炒”成高潮，使高潮沦为尾声，最终将一场慈善晚宴“炒”成了一起关乎道德人心、家国情怀的公共事件。

时至今日，评估“巴比”中国行对中国慈善发展究竟有什么影响，依

然不能一言定之。但“巴比”中国行确实为中国企业声誉管理带来了新的课题。

中国富豪三派鼎力“慈”场论剑

国内顶尖富豪们面对“巴比”此次抛来的橄榄枝态度迥异，大多数富豪视为鸿门宴，担心逼捐，一致保持沉默。只有以陈光标为代表的极少数富豪发出裸捐的最强音，称在巨富中死去是一种耻辱，引起中国民众顶礼膜拜。中间还夹杂着另一种声音，如宗庆后提出理性看待捐赠倡议，为社会持续创造财富是最大慈善等观点。

面对舆论漩涡，世界数一数二的两位巨富不得不通过新华社澄清，此次来华慈善行动不过是聆听、学习中国的慈善现状，并分享捐赠如何对社会和世界产生影响的经验。

概括而言，围绕此次慈善晚宴事件中，可将富豪们划分为三大派别：

第一，挺宴派。“没有最高调只有更高调”的争议慈善人物陈光标高调响应“日落条款”，宣布“裸捐”，还发出公开信大意是欢迎欢迎热烈欢迎“巴比”来华，顺带火上浇点油：高声宣称“在巨富中死去是一种耻辱”。继而是地产大亨潘石屹伉俪妇唱夫随，在微博中透露已收到“巴比”慈善晚宴的邀请。他们在不同程度，以不同方式都昭示出挺宴派的高声策略。

第二，斥宴派。而国内另一位知名慈善家李春平此前甚至数次表示，不需要“老外”来教怎样做慈善，实为“斥宴派”的典型代表。

第三，中立派。面对邀请，宗庆后公开婉拒赴宴，表示企业家若把辛苦赚来的钱用来投资，就能产生更多的就业机会，能为国家和社会带来更多财政收入，但若是捐出去，这些资产就失去了“生命力”，“杀富济贫”是不对的。救贫也要先造血。大连万达集团董事长王健林表示已收到“巴比”慈善晚宴的邀请。他认为，去不去晚宴不重要，中国现在更重要的是创造更多财富。在“裸捐”与“不捐”之间，马云选择了折中方案，这或许也代表了更多中国企业家们的普遍想法。他说，我们这一代人所有的努力除了希望自己好以外，还希望将来孩子好。“没有私就是最大的私”，“不给孩子留一点儿，一个不考虑自己的人，你不要相信他会考虑社会。”

在劝捐的话题下，中国富豪对慈善的态度也被摆在放大镜下。富翁们或显或隐、或迎或拒的同时，代表的，不仅仅是个人对慈善的态度，更多地是在不同程度上透视出富豪所代表的企业的社会责任。

慈善投资等于美好声誉？

此次盖茨和巴菲特的慈善国际化同时掀起了新一轮的全球慈善竞赛，这种竞赛不仅仅是慈善机构之间的竞争，也是国与国之间企业家、慈善家、慈善环境、慈善文化、慈善制度、慈善专业化之间的竞争。

中国企业家越来越成熟了，尤其是在“5·12地震”之后，中国企业家对做慈善的思路越来越明确。不难发现，企业通过慈善事业，传播自身意愿并勇于承担企业社会责任的正面形象，由此维护和巩固企业声誉，而此次“巴比”慈善晚宴恰如其分地充当了良好的试金石，或重或轻地考验着中国企业的声誉。

一次成功、有效的慈善传播，当然能给企业带来美誉满载。但慈善一旦带有生意的性质，就难免变质。中国慈善圈中存在一些丑陋的现象，可用三个词来概括：作秀、抵赖、诈捐。慈善成为大的名利秀场，频频发生许空头支票的慈善行为。

纵观那些在承担社会责任方面表现极佳的企业，都有一些共同特征。其一，拥有高层领导层的支持。表现好的公司把社会责任视为一种企业价值观，并将其贯彻到企业所做的每一件事情中去。其二，看重对社区的责任，回报社区的意愿真诚。其三，社会责任活动讲策略、有重点，并且长期不变。“麦当劳叔叔之家”慈善基金就是最优秀的案例之一。该项目始于30年前，最初的倡议是在孩子于医院诊疗期间，给父母提供一个逗留的场所。现在已发展成为一个综合项目，关注儿童健康多个方面，是美国最受赞美慈善基金之一。无疑，该项目成了麦当劳品牌上一轮夺目的光环，提升了公司的整体声誉。该基金及其各项活动同样给社会带来了益处。

所以说，慈善投资并不能都转换成企业美誉，这需要讲究种种章法与技巧。

启示：声誉管理并非慈善作秀

巴菲特、比尔·盖茨倡导的慈善理念及专业慈善运作模式让人受益匪浅，两人的慈善传播经验却易忽视。可能很多人认为，两位大师极其低调，不喜欢做秀，低调踏实地做慈善，是所有中国富人们的道德楷模。

其实不尽然，巴菲特、比尔·盖茨看来深知老子之道，无为而无不为。其实，两个世界上最聪明、最富有的男人站在一起，无论何时在世界何地都必将是新闻焦点所在，明星人物的证言，特别是戏剧性的故事成为本次传播最强有力的引爆点。

何况，他们的行动还充满了神秘，事先不透露任何口风，不让媒体参与，就这点已经让很多人抓狂了。就如苹果产品上市前，一切都是绝密的，好像没有任何新闻素材可挖，可这恰恰引起了无数粉丝的疯狂，这透露了传播学的心理定律，好奇心与关注度成正比，越能引起受众好奇、意外的东西，越能抓住他们的眼球。微软出身的比尔·盖茨更是这方面的鼻祖了。

最有效的传播往往是针对意见领袖的定向传播，以晚宴的形式召集中国富豪50人已能在国内引发地震了，仅口碑传播就能产生足够影响力。

回想下巴菲特和盖茨仅在全美400富豪中的倡议就取得了1500亿美元的捐赠承诺，就足以知道意见领袖传播手段的重要性了。

当时他们两人在紧闭口风多日后，仅仅只向全美最富影响力的媒体之一《财富》杂志透露美国富豪捐赠承诺计划这一谜底。可见，权威媒体在传播中起到了引爆器的作用。如果他们为此专门召开新闻发布会，大张旗鼓宣传，可能反被质疑捐赠动机。

中国民众都喜欢从道德层面上去批判慈善做秀的行为，比如前段时间陈光标将钞票叠起来和众多企业家一起发过年红包的事件就闹得沸沸扬扬。但应该更为理性宽容的对待这类事件。因为，在中国目前阶段，陈光标上述行动在客观上让更多的人了解了慈善，并在更大范围内传播慈善的理念和责任，从而引起更多人对慈善的关注和参与。尽管他本人可能因此得到社会地位提升，声誉增加，这无可厚非。

不过，陈光标不仅要在裸捐上向两位大师靠拢，在传播理念上更应向巴菲特和比尔·盖茨学习，慈善传播是非常有必要的，但如何欲擒故纵，关键在我们的传播技巧。首先是如何引起公众关注，然后是如何引发公众的好感，并避免大范围的反感，但适度的争议反而有助于关注度的提升。

实际上，在中国有影响力的民间基金会基本都深谙传播之道，壹基金在短短三年内就募集到2.7亿的善款，和传播是分不开的。除了李连杰先生本身传奇的经历是一个巨大话题外，它和众多组织的联盟合作，以及国际慈善论坛，壹基金年会及典范工程都赢得了巨大声誉。

而粉红丝带让全球各地标志性建筑启动亮灯仪式，地球一小时行动让世界各地政府及企业纷纷踊跃参与，无一不渗透着公关传播的智慧——这些传播行为一方面抓住公众眼球，甚至引起部分公众好感，另一方面又不至于引发大面积负面报道。

从巴菲特、盖茨两位教父的慈善中国行中，透过表象可以看到慈善的智慧光芒，这些智慧可能比捐赠本身更为重要。一旦中国企业富豪们将全球性的慈善理念、专业运作模式及慈善传播手法融会贯通，就能根本上改变中国慈善的生态，这无疑是我们乐见的。

中国富豪们或许还应该从老祖宗智慧中获得更多启示——“功成，名遂，身退，天之道”，身退未必就是归隐山林，逍遥世间，而是以另外一种面貌出现，从商人转化为慈善家，换一种生活方式。或许，慈善事业还可以流传后代，流芳百世，子孙后代得以继承慈善伟业，无疑更是一笔巨大财富，这就使得惠泽子孙后代的价值归宿得以兼顾。

十

企业社会责任

Corporate Social Responsibility

中国企业舆论环境研究

RESEARCH ON PUBLIC OPINION OF CHINESE ENTERPRISE

开辟CSR新疆界

经济全球化时代，随着社会的进步和企业间竞争的加剧，单纯追求商业利润的企业行为不断受到反思，对利益相关者承担责任，强化企业的社会责任，正成为现代企业管理的一项重要战略。诚信守法、以人为本、节能减排、低碳环保、扶贫济困、公益慈善等一系列企业经营理念深入人心，成为企业增强“软实力”、提高市场竞争能力、促进可持续发展的必然要求。

在过去一年中，透过国内的一些重大社会事件以及众多企业的公益行为，我们不难发现，越来越多的媒体和公众将目光聚集到各类公益事件中来，无论3月27日的“地球一小时”中国行，还是“母亲水窖”计划，更多的则是企业主导的各类企业公益项目。

尽管众多公益项目获得了政府、媒体、企业以及社会公众的关注和支持，但是大多数的项目急功近利，针对性不强，品牌影响不够，效益也不明显。究其原因是，缺乏战略规划，没有合适的公益和媒体平台，专业策划和专业执行也不到位。

相比较而言，全球500强企业则表现较为成熟。“从我做起，携手商业伙伴，联合公益伙伴，感召消费者，共同帮助需要帮助的孩子生活、学习、成长”这一创新性公益模式全面指导宝洁社会责任项目的开展。社会责任成为企业的重要战略，公司、品牌和员工三个层面的事业体系，以及上下游合作伙伴、公益合作伙伴、非政府等各方参与是成功的保证。

从中国这些年的实践来看，无论学界、业界还是媒体对企业社会责任的研究至今还停留在理论、学术层面，无法指导企业的实践活动。从公共关系范畴来看，企业社会责任研究及其实践已成为全球最新的理念和业务。我个人认为，全球公共关系实践发展在走过新闻代理和活动管理，走过品牌管理和整合营销传播之后，已开始进入企业社会责任和战略咨询的新疆界。

因此，各类专业机构应该把握当前的重要机遇，以战略的高度和长期的打算进入该领域，无论是企业公益传播执行，还是各类资源的整合，乃至CSR战略规划的制订，都应该积极地参与，各类实践案例的积累和总结是我们专业发展的制胜法宝。

点评专家：

陈向阳，中国国际公共关系协会副秘书长、《国际公关》杂志主编。

从西南旱灾看企业公益传播新趋势

西南旱灾牵动国人

今年春季开始，包括云南、广西、贵州、重庆、四川在内的我国西南地区遭遇百年一遇的特大旱灾。这场持续半年的世纪大旱使农作物受灾面积近500万公顷，其中40万公顷良田颗粒无收，5000多万人受灾，2000万人面临无水可饮的绝境。

西南旱灾的救灾情况牵动着全国人民的心，引发了社会各界的高度关注。截止3月25日，百度搜索引擎中与“西南旱灾”有关的网页多大571000条，其中新闻23000篇。百度指数的监测数据显示，“旱灾”的网络用户关注度在3月中旬日渐上扬，一个月上升3338%，而媒体关注度在一个季度上升了1375%，足见公众和媒体对这场罕见的大旱灾持续高度的关注。

对于这场特大旱灾，舆论关注的焦点主要聚焦在三个方面。首先是解决群众的饮水问题。温家宝总理在云南重旱区视察旱情时强调，“不惜代价尽快缓解人畜饮水困难，绝不能让一名群众没水喝。”其次是保障灾区群众基本生活，全力以赴保电、保油、保粮、保运输。再次是抓好春耕生产，最大限度减轻灾害损失，这事关今年粮食稳定增产、农民持续增收。

此外，政府的赈灾决策、各界的公益慈善行为等抗旱救灾的行动也受到公众的普遍关注。

企业“淡漠”相向 公益事业遭遇“瓶颈”

面对持续加重的旱情，各级政府发出了全民抗大旱的总动员令，号召社会各界踊跃捐款救灾。不少企业在面对严重的自然灾害积极响应政府号召、不惜调动大量资金或物资捐献给灾区，为夺取抗旱救火的胜利，奠定了坚实的基础。

但我们同时也看到，相对汶川大地震，多数企业对于西南旱灾的公益行动显得较为冷淡，捐款的企业数量大大降低，捐款金额也严重缩水。究其原因，主要体现在三大方面：

第一，企业公益缺乏战略规划，持续性差。中国多数企业对重大的社会公共危机事件反应速度迟钝，且尚未将企业公益上升到企业战略层面，其公益行为存在随意性。而多数的公益行为往往以临时应对为主。

第二，企业与NGO缺乏深度合作，企业公益参与不足。企业开展公益需要与NGO组织，媒体以及社会各界共同合作。但众多企业尚未建立合作机制，严重阻滞企业参与公益的深度。

第三，企业公益组织不健全，缺乏优质的传播平台。程序化不足，存在规范性差且宣传推广力度短板，企业公益仍处于“摸着石头过河”的原始阶段。

网络媒体挺身而出 牵头公益慈善行动

相对于企业的冷漠与“短视”，网络媒体却掀起了公益慈善的新高潮。这次西南五省市旱灾，新浪、搜狐、网易、腾讯、百度等互联网媒体通过开辟抗灾专题网站、发起网络公益捐款等形式，利用自身平台优势，汇集社会各界爱心，彰显其的社会责任和人文关怀。

新浪“思源甘泉” 带网民“滴水入窖”

新浪网携手中华思源工程扶贫基金会、阿里巴巴集团和分众传媒发起“思源甘泉”行动，为旱灾地区捐建水窖，截至3月25日，共有十四家机构企业认捐1091口思源水窖。其中老牛基金会和李宁基金会各捐建100口水窖，华谊兄弟传媒、上海通用汽车等企业认捐100座思源水窖。

搜狐送水活动 为灾区浇晒甘露

搜狐联合北京晨报、竞报、中国儿童少年基金会开展“甘露为旱区孩子送水公益活动”，呼吁社会各界爱心人士，为旱灾区孩子们战胜旱灾、健康成长奉献一片爱心。所筹善款将通过当地妇联统一拨付，全部用于对旱灾地区儿童的帮助，接受会计师事务所专项审计。同时将在儿基会网站、搜狐网及时公布最新募集情况、救助情况。

网易“邮”百万涌泉 降及时春雨

网易公益联合中国红十字基金会发起“春雨行动”，倡议社会各界开展公益行动帮助灾区群众渡过难关，同时网易手机邮件平台举行“百万涌泉行动”公益关联营销，由网友通过手机邮件平台发送募捐邮件，邮件每成功激活一次，网易就向西南灾区增加捐献1元，直到善款总金额满100万元为止。

腾讯为灾区祈福 倡导节约用水

腾讯网通过QQ秀、QQ签名等客户端的独有特色开展“水滴祈福行动”，为广受旱灾的地区和人们祈福，并携手中国儿童少年基金会发起在线捐款，截至3月底腾讯网友共捐款228万元。此外，腾讯还联合刘翔、梅西、中国羽毛球队、乒乓球队等体育明星发起倡议捐助，倡导节约用水。

百度撒“露珠” 分享抗旱智慧

为了帮助灾区渡过这次罕见的自然灾害，百度知道与“小桔灯”共同发起了“智慧·甘露行动”，倡议网友分享智慧，每一个参与者都会领取象征绿色和希望的“露珠”形状的ICON，点亮对灾区同胞的祝福和祈祷，并呼吁大家用实际行动来支援灾区，分享出自己知道的抗旱知识和窍门。

网络媒体成公益慈善新引擎

随着互联网的快速发展，公益活动逐渐登上网络媒体舞台。同时网络媒体在公益捐助上的优势也日益凸现：信息传播速度快、传播面广，互动性强、便于动员网民参与，聚合性强、自愿程度高且支付便捷。上述西南旱灾的网络媒体公益行动正是新媒体作为公益领军的真实、典型写照。可以预见，网络媒体将成公益慈善的新引擎。

公益慈善因媒体而放大，网络媒体是公益力集合的第一站

互联网在信息传播方面有着得天独厚的优势，其及时性和互动性能让受众在第一时间直击事件现场。面对突如其来的自然灾害，网络媒体充分发挥其反应迅速的特性，全面、真实地报道灾情，聚焦大众视线，唤起民众的献爱心行动，成为公益力大集结的第一站点。

西南旱灾造成的经济损失惨重，民众对赈灾捐款的呼声高涨，新浪、腾讯、百度等网络媒体进行了及时的跟踪报道，并迅速聚合了全国各地的爱心群体，实现公益人群的空前团结和壮大。

网络媒体携手公益机构和社会慈善组织组建公益联盟，凸显核心地位

网络媒体已不再仅仅是公益活动的传播者，更是活动的组织者。加强与公益机构、慈善组织的合作既有利于网络媒体的公益传播开展，也有助于深化公益活动的专业性和权威性。

在西南旱灾的救灾行动中，除了作为发起者的网络媒体，我们也看到了各种公益机构和慈善组织的身影，诸如中国红十字基金会、中华思源工程扶贫基金会、中国儿童少年基金会等等。

网络媒体推动公益慈善品牌化，走在公益行列最前沿

企业公益活动能否持续取决于其参与程度和关联程度。网络媒体凭借自身强大的宣传力和号召力将大大扩大公益活动的影响力，由网络媒体发动的公益活动逐渐获得高知名度和美誉度，并成为公益事业的品牌。

新媒体环境下的企业公益传播反思

此次云南的严重旱情已经持续了相当一段时间，随着社会各界的日益关注，客观上已经形成了一种有利于企业实施公益营销的传播大势，蕴藏着快速提升品牌知名度、美誉度甚至是产品销量的巨大机会。那么，如何借助新媒体走出企业公益的瓶颈将成为企业发展的重要课题。笔者认为企业可从以下两方面寻求突破：

第一，与网络媒体开展深度合作，积极借助互联网平台进行公益传播。

第二，部署企业公益战略，捆绑公益资源，塑造公益品牌。

“地球一小时”掀起中国企业公益浪潮

2010年3月27日晚8点30分，来自全球125个国家和地区的4000多个城市的1200个地标建筑和近10亿人参与了“地球一小时”活动。活动中，33个中国城市同步熄灯，故宫博物院、鸟巢、水立方、上海的东方明珠塔等中国地标建筑也一起同步熄灯，携手度过了“黑暗60分钟”。

“地球一小时”=“熄灯秀”？

据WWF官方介绍，“地球一小时”旨在呼吁个人、社区、企业和政府在每年3月最后一周的周六夜晚自愿关灯一小时，以提高公众节能意识，倡导低碳生活方式，鼓励全社会对气候变暖带来的挑战采取积极环保行动。

作为目前世界上规模最大的环保行动，“地球一小时”自2007年开展以来就受到各国政府、企业、民众、社区的热烈欢迎，影响的受众数量也呈爆炸式增长。自此，“地球一小时”不只是一个熄灯仪式，而是一项有深远意义的环保行动。

熄灯带来了巨大的节能减排效益

公布的数据显示，2007年悉尼熄灯一小时节省下来的电足够20万台电视机用1小时，5万辆车跑1小时。2008年，悉尼全城在“地球一小时”内能源消耗下降了8.4%，相当于熄灭了160万只灯泡。新西兰的克赖斯特彻奇，熄灯一小时，能源消耗减少了将近13%。

熄灯直接产生的减排效果已深深触动公众，在非可再生能源越来越少的今天，促进节约能源和温室气体减排，进一步减轻全球气候变暖所导致的环境问题已成为民众的责任。

"地球一小时"宣传的公众环保意识深入人心

事实上，"熄灯秀"的宣传效果远远大于实际的减排效果。在全球接力熄灯下，更多的人开始意识到节能减排的重要性，并且用自己的方式来参加这一活动。而熄灯背后倡导的节约能源和环境保护理念才是真正的意义所在。

"地球一小时"促进全民环保公益时代的到来

除了直接带来的巨大节能减排效益，参与人数之多，跨越地区之广及后期相关主题活动推进的深度，促使"地球一小时"成为了线下规模最大的公益活动。全球各地几十亿人共同创造的"熄灯"场景，无不彰显了"地球一小时"的魅力，吸引全人类的参与。此外，来自个人、企业、社区、学校的不插电音乐会、黑夜观星、儿童涂鸦大赛、烛光寄语等活动，更将"地球一小时"活动推向高潮。这对促进全民参与环保起到了极大的推动作用。

"地球一小时"缘何火爆

那么，究竟是什么力量促使"地球一小时"席卷全球的呢？我们认为，“地球一小时”的轰动是诸多推动力聚合的效应，主要体现在以下三大方面：

自下而上的逆行倡导方式，获取公众的拥戴和支持

2007年，WWF澳大利亚区的负责人GregBourne在电视中发出号召——“人们需要通过行动来表明，他们期待改变，政府才会采取行动。”悉尼市率先响应，当地数万户商家和200多万居民3月31日晚19时30分开始集体断电一小时。这种按自愿原则的自下而上响应模式，摒弃了官方强制推广的“形式主义”，迅即获得了广大民众的青睐和支持。

权威机构为其背书，打造全球性公益活动品牌

在全球享有盛誉的非政府环境保护机构WWF倡导推动下，“地球一小时”已成为一项全球性并持续发展的活动。此外，各国政要纷纷发表呼吁参加“地球一小时”活动的讲话，联合国秘书长潘基文、联合国开发计划署国别副主任那华也相继号召全世界共同参与。

随着基金会、各国政府、联合国等权威机构的大力倡议，“地球一小时”已成功塑造成公益活动的品牌，为推动全民参与环保公益奠定了坚实基础。

创意传播无孔不入

城市地标性建筑熄灯成象征。2007年3月31日19点30分，作为悉尼市标志性建筑的悉尼歌剧院熄灭了主体灯光，由此也拉开了首届“地球一小时”活动的序幕，成为了“地球一小时”活动象征。此后，标志性建筑熄灯也成了城市参与地球一小时活动的条件之一。

邀知名人士担任大使，发挥名人效应。公众人物，如明星艺人、政商界首要等，其自身具备的号召力能极大提高传播效果。在“地球一小时”推广中，也将“名人担任大使”作为参与活动的必要条件之一。而近两年来，中国区的“地球一小时”更是邀请名气之星前来助阵。2009年，中国区大使李冰冰表示“地球是我们共同的家园，每一个人都有责任节约能源。我希望能用我的力量，号召更多的人参加这个有意义的活动，一起表达我们应对气候变化的决心。”2010年，WWF则邀请了李宇春担任“地球一小时”中国区活动推广大使。名人的“聚光灯”效应激发了更多普通民众参与活动的热情，进而掀起“地球一小时”新浪潮。

借助互联网进行病毒式传播。除了主流传媒进行轮番报道宣传外，“地球一小时”亦借助互联网平台，充分运用舆论的力量，使更多人关注和思考环境问题。2009年3月，一封主题为“2009年3月28日晚上8:30-9:30，请关灯一小时”的电子邮件在互联网上广为流传，被众多网民转发、传递。多家大型网站都对此开辟了专门的网页，以专题、专版的形式进行报道。有的网站甚至在活动当天推出一款个性化首页，其页面背景将随着页面上新增的“开关”按钮由“光亮”变成“黑暗”，以此让更多网民也能够参与到“地球一小时”活动当中。而在网络讨论版及论坛中，各位网民各抒己见，与“地球一小时”相关的活动和讨论也热火朝天地进行着。

企业接力“地球一小时”掀公益浪潮

在世界各大城市，政府官员通过视频、演讲、倡议、签名等形式支持“地球一小时”的活动，众多民众在参与熄灯活动的同时，还组织了许多户外活动，比如篝火晚会、烛光聚会等，新西兰汉密尔顿的居民在熄灯开始之后举行放飞热气球的活动。

“地球一小时”的火爆蔓延，影响广泛，成为世界各国人民的节日。除了政府机构、普通民众的参与外，众多企业也纷纷借势进行环保宣传，提升企业品牌形象。

中华英才网凭借“地球一小时”中国项目合作伙伴身份，携手世界自然基金会（WWF）共推“绿色办公”员工教育项目，掀起人力资源行业的绿色行动风潮。其旨在通过有效的绿色办公指导，培养员工的“绿色习惯”，为公司节省大量的运营成本，同时也为企业在保护环境、低碳排放运营中做出榜样。此外，中华英才网也创新开展“绿色招聘”，号召求职者争当“绿领”，并在网上设立“碳排放计算器”，促使公众在日常生活中养成保护环境的好习惯。

百度作为“地球一小时”中国地区唯一的互联网合作伙伴，亦积极呼吁中国企业和个人共同参与，并倡导低碳生活方式。百度通过一系列的活动专题页面，如百度地图、百度知道以及百度空间发挥其在绿色环保方面身先士卒的示范效应，以及作为媒体平台的巨大影响力，将此环保公益活动推至高潮。

搜狐联合全国31家主流报纸媒体倡议熄灯一小时，并对活动进行全程直播。网易则向国内众多知名企业发出了熄灯号召，获得了中国平安、兴业银行、佳能公司、索尼中国等大型企业的响应，宣布加入了熄灯一小时行动。

万科集团董事长王石被任命为2010年“地球一小时”活动企业推广大使，北京万科“城市呼吸计划”环保系列活动之一——“地球一小时”活动也同步启动，以趣味自行车游园活动倡导社会大众节约环保，当晚还在万科各社区号召业主以熄灯仪式与世界各国一起支持“地球一小时”环保号召。

沃尔玛在全国94个城市的180家沃尔玛商场内推行“地球一小时”行动，每天上下午各有一小时关闭店内1/3的照明。在北京、深圳、南京、福州、成都等五城市宣布在全国范围内同时启动以“低碳生活，从我做起”为主题的“沃尔玛地球月”绿色环保行动。

国内企业纷纷接力“熄灯”，赞助商与非赞助商皆积极倡导低碳环保理念，共同助推中国企业环保事业的蓬勃发展。让我们共同期待明年“地球一小时”的到来。

宝洁公益模式冲击中国企业社会责任观

近年来，国内外经历了特大自然灾害和金融风暴的洗礼，慈善事业再次蓬勃兴起，慈善企业、慈善企业家如雨后春笋般纷纷涌现。企业在社会责任感和企业家公益人格实现方面有着进一步的渴望并希望通过赞助公益事业，在公众的心目中树立起“认真、积极、负责”的“企业公民”形象，以提升企业品牌形象和品牌价值。如加多宝集团1亿善款赈灾，巴菲特、比尔·盖茨的慈善献捐，中国首善陈光标裸捐等等，而在众多的慈善身影中，全球最大的日用消费品公司之一——宝洁，是企业在公益慈善领域的典范之一。

宝洁公益成绩斐然

已有170多年历史的宝洁公司虽不是捐款最多的企业，但却是公益战略规划最为完善的的企业之一。回顾宝洁在中国的二十年来的历程，可以发现公益事业伴随其成长的整个过程并且取得了丰硕的成果。

2010年12月30日，知名媒体《南方周末》发布“世界500强企业在华贡献榜”榜单，宝洁凭借企业在社会责任和可持续发展领域的不懈努力和贡献，连续第四年在日化行业中排名第一，居2010年总榜第8位。同时，宝洁在“世界500强在华慈善公益榜”子榜中位列第二名。

截至2010年6月30日，宝洁在中国的公益事业累计捐资捐物超过2亿元人民币，在全国28个省、自治区援建了200所宝洁希望小学，帮助了贫困地区超过15万名孩子更好地生活、学习、成长。

宝洁2010年的公益之路

2010年12月31日，在新年即将到来之际，上海市松江区向阳小学的小学生们迎来了一个别开生面的运动会“春伢健康校园趣味运动会”。宝洁博朗通过救助儿童会为流动儿童健康加油。

2010年12月10日，帮宝适、家乐福和联合国儿童基金会的中国代表聚首上海，与三位妈妈代表一起，合力拼出一个青海宝宝的笑脸，联合宣布“1帮1贫困儿童疫苗关爱计划”迎新年特别公益行动启动。该项行动将在家乐福中国近160多家店里同时展开，消费者每购买一包帮宝适产品，帮宝适与家乐福就各捐出5美分（约人民币3角4分）给联合国儿童基金会，用于帮助青海贫困地区儿童的计划免疫工作。

2010年12月3日，在国际志愿者日到来之际，宝洁公司舒肤佳品牌携手排球名宿郎平，以及蝴蝶助学、中山大学、广东外语外贸大学国际经济贸易学院青年志愿者协会和AIESEC的志愿者一起来到位于广州花都区梯面镇的民安小学，给山区小朋友们上了一堂别开生面的健康教育公开课。

2010 年11月20日，第56个国际儿童日。帮宝适将善款20万元捐赠给中国社会福利教育基金会，帮助“365儿童救助基金帮宝开心计划”的实施。

2010年月9月28日，宝洁公司隆重启动由中国健康教育中心/卫生部新闻宣传中心提供技术支持的“宝洁健康中国行”项目。该项目目前已在全国范围内启动500辆宝洁健康中国行快车，预计仅未来一年的时间里，就将深入全国21个省，走遍超过22,000个城镇及乡村，将健康理念及健康产品带到万镇千乡的千万消费者家中。

2010年9月21日，上海宝洁博朗有限公司组织员工志愿者走进民工子弟学校，与孩子们共庆佳节，用拳拳爱心为他们送上真挚的祝福，带去节日的欢乐。

2010年6月12日，舒肤佳联合华润万家在深圳共同启动了“携手舒肤佳，真情润万家”健康教育活动，并特邀舒肤佳健康大使、中国首位冬奥会冠军杨扬出席。此次活动旨在帮助山区的希望小学改善卫生设施，普及健康教育，让更多的山区孩子养成正确的卫生习惯。这次活动也是成功推进到第四年的舒肤佳健康长城工程的一部分。

诚然，宝洁在2010年的公益举措远不止这些。其公益行为貌似平凡，却又点滴在心，并获得了社会公众的高度认同。这种“积极回报社会”的公益之路仍在延续……

宝洁的创新性公益模式

宝洁的公益活动持续开展向公众展示了其公益投入的决心和恒心。而“从我做起，携手商业伙伴，联合公益伙伴，感召消费者，共同帮助需要帮助的孩子生活、学习、成长”则是宝洁创新性的公益模式。

首先，宝洁将公益作为企业战略的重要组成部分。外国企业或外资在华企业往往具有清晰而系统的公益战略规划，并与其商业发展的战略高度吻合，宝洁中国亦不例外。在宝洁公司发布的2010年可持续发展报告中，社会责任是五大企业发展战略之一。宝洁奉承着“亲近生活，美化生活”的使命，在产品品牌、服务以及社会责任不遗余力地推动企业和社会的

"双赢"。可见，宝洁公司做公益慈善不是一时冲动，更不是作秀，而是融入到企业的发展战略和企业文化之中。

其次，宝洁从公司、品牌和员工三个层面构建公益慈善事业体系，把公益慈善的思想和行动贯穿于公司的各个层面。在众多的公益项目，"帮助0-13岁需要帮助的孩子生活、学习、成长"始终是宝洁公益活动的核心主题。通过希望工程、健康教育、儿童安全饮用水及旗下品牌公益等各种的公益项目，从生活、学习和成长三大方面关注中国儿童的健康成长。

再者，宝洁还积极感召供应链上下游的商业合作伙伴、公益合作伙伴以及非政府机构等加入到公益事业中来。从多角度对外部资源进行整合，囊括大型专业性NGO，也有小型草根NGO，既有政府部门、商业合作伙伴也有媒体和大中院校，是宝洁在公益传播价值链整合方面的显著特点。可以说，宝洁不仅实现商业上双赢，在公益慈善方面也力求达到多赢效应。

中国企业社会责任的重新审视

企业如何基业长青、成为百年老店，这是中国企业国际化进程中必须面对并要做出正面回答的问题。而企业的成功离不开社会责任观的指导。相比于众多优秀的世界企业，中国企业对社会责任的解读存在不少误区，直接表现为很多国内企业还不懂得做慈善，更不会做公益活动。往往是把好事办成坏事，非但没带来好名声，反而引来一片质疑声。在此，我们必须对企业的社会责任观进行重新审视。

企业社会责任＝道德底线？

在相当一部分的国内企业看来，只要不触犯道德底线就是履行社会责任。企业在追逐市场利益的过程中往往走在道德的边缘上。“毒奶粉”、“假疫苗”、“楼躺倒”等影响恶劣的事件接连发生，我们日益发现，原来社会责任对于许多企业来说只是“对得起良心”。2010年7月3日，福建紫金矿业紫金山铜矿湿法厂发生铜酸水渗漏事故，造成汀江部分水域严重污染，紫金矿业却瞒报事故长达9天。在污染事件曝光的几个月之后，又仅以行政处罚落下帷幕，对于附近水域的严重污染，给水产养殖户带来的损失，却始终没有给出合理的赔偿方案。而在大连湾漏油事件里，中石油一句“次要责任”把自己摘得干干净净，没有给当地受灾渔民任何赔偿，更不用说担负生态破坏的责任。而宝洁公司的“亲近生活、美化生活”使命是对国内企业的社会责任观的颠覆性诠释。在企业社会责任的建设中，国内企业还需走出“道德、公义”的沦陷。

企业社会责任＝承担应有的义务？

谈到社会责任，一些企业会站出来告诉公众，其提供了多少就业岗位，合法上交了多少税，并为职工缴纳各种规定的保险，提供合理的加班收入，但职工的生命、健康却遭到忽视。如被贴上“血汗工厂”标签的富士康漠视了员工的身心健康，发生了令人发指的“12连跳”惨案。另一些企业则开始意识到将“环保”和“减排”纳入企业发展战略。但这些还只是停留于“必须承担的义务”的认知阶段，与宝洁主动倡导全员参与公益，各利益相关方共同推进公益慈善的理念相离甚远。

企业社会责任＝商业利益？

对于社会责任，一些大企业则高调向公众展示他们的捐款数额以及公益活动的规模等。他们追求在公益慈善上的企业和品牌曝光率和知名度，完全不顾及公益的质量和效果。在他们看来，公益慈善就是另一种营销手段，等同于商业利益，甚至不惜将公益平台当做企业或品牌的秀场。这些企业更应该学习宝洁的“用心做慈善”的准则。

相对于发达国家的企业公益事业，我国还处于初级阶段，无论从公益渠道、捐赠数量、公众参与还是公益组织发展上仍远远落后。而有着百年历史的宝洁公司，其公益模式和理念应值得我们借鉴和学习。

事件营销

Events Marketing

中国企业舆论环境研究

RESEARCH ON PUBLIC OPINION OF CHINESE ENTERPRISE

传播业的第三次革命

大事件营销，本质上在于制造影响力。

我们的传播环境正在发生深刻的变革，用一个关键词来表达就是——“碎片化”。目前，消费者的细分越来越明显，信息碎片化的极致就是传播载体的私人化，在微博出现的时候每个人都成为信息源。这导致传播出现一种新趋势——全民围观时代的到来。

在以往，企业品牌通常处于金字塔的顶尖，通过权威领袖及权威媒体施加影响。但进入碎片化时代之后，企业处在围观舞台的中央，一方面要取悦观众，此时消费者对信息有很强的免疫力，怎样打动他们是非常大的挑战。另一方面，负面的处理越来越难，因为现在微博扩散的速度绝对超过企业控制的速度，所以要建立主动沟通的策略。

我们的传播将面临三个重大的挑战，第一，信息穿透力下降，第二，媒介成本越来越高，性价比越来越低，第三，受众的信任度下降。因此，我们的传播模式必须升级，第一代的传播特点是通过聚焦信息，通过CCTV强势传播，用央视平台就可以垄断一切。第二代的传播特点是以不同的信息，针对不同的媒体的进行分众传播。第三代的传播特点是制造信息，形成社会影响力。

因此，我们将大事件营销称之为传播业的第三次革命。要产生影响力需要两个关键点，第一要有引爆点。这个创意要紧扣社会热点，比如亚运，世博，或者是巴菲特的慈善中国行等，另外要具备新、奇、特的特点。第二是引爆方式要发生变化。传统的引爆方式是通过召开盛大的新闻发布会或者广泛的新闻通稿发布信息。这种效果其实也是不错，但是如果你在制造社会事件的时候不一定是最佳的手段。我们要选有影响力的媒体来引爆，媒体主动转载比被动发布的传播势能强大得多。在引爆方式上我们甚至可以采取两种方式并行，一个是明线，投入精准广告，最大化企业诉求。一个是暗线，通过制造有穿透力的新闻，最大化社会影响力。

点评专家:

曾治，注意力公关顾问机构董事副总裁，十年公关咨询业经验，长期致力整合营销传播、品牌国际化等领域研究，目前是中山大学公共传播研究所研究员，中国国际公共关系协会会员，注意力公关研究院常务副院长。

世界杯 球场外的品牌营销盛宴

奥运走了，全世界球迷的饕餮盛宴世界杯来了。

2010年南非足球世界杯，32支劲旅将展开历时一个月64场激烈角逐，全球目光聚焦于绿茵场。作为全球最具影响力的体育赛事，这样的营销事件对于商家来说无疑是一个不可错失的机会，这将是企业扩大品牌影响和塑造品牌形象的绝佳契机。

世界杯不仅是球迷的狂欢，也是大大小小商家们的狂欢，四年一度的世界杯营销又掀起了一波高潮，各大品牌都在这一期间进行创意营销，打造了一场促进品牌整体提升，拉近客户距离的营销盛宴。

世界杯带来品牌营销新契机

尽管国足并没有出现在世界杯的赛场上，但是南非世界杯依然吸引了全球公众的高度关注，在网络搜索引擎查找“2010世界杯”的相关网页已经超过1亿个页面。在比赛期间，到处都在直播世界杯赛事盛况，所有的人都在关注、讨论、参与这一体育盛事，对于世界杯比赛中各国球员的表现和对未来战绩的预测，成为了街头巷尾的人们讨论最多的话题。

国际足联预计南非世界杯将成为最赚钱的一届世界杯，目标收入30亿～40亿欧元。根据国际足联的官方数据，2006年德国世界杯的电视观众总人数超过300亿人/次，南非世界杯因网络视频的传播必将刷新这一纪录。庞大的收视群体、高涨的观众热情、极具黏性的受众，使得近年来世界杯成为了各路商家追逐的热点营销阵地。

根据菲利普·科特勒的观点，南非世界杯是通过全世界球迷对参赛球队比赛的关注，以满足球迷对观看高水平足球比赛的需要和欲望的活动。就企业营销而言，世界杯的契机意义主要表现在三个方面：第一，世界杯本身引发了集中性的群体关注，任何与之相关联的企业都会顺势得到消费者的注意。第二，重大事件对信息传递渠道产生影响，一定的时间段内，关于世界杯的新闻节目非常密集，观众人群也高度集中，任何在这一过程中伴随主信息传递的副信息都会取得良好的效果。第三，世界杯的参与度高，通过各种方式参与的人群会集中产生大量消费，带来商机。

互联网企业“逐鹿”世界杯

作为本年度的网络营销重点，各大互联网企业无疑都将目光转到了四年一度的世界杯。传统的媒体形式很难满足人们多元化的偏好，人们关注世界杯内容和偏好的丰富性，需要媒体在报道世界杯的时候要有更多的维度，并在每个维度上都要有吸引眼球的创意和对于受众关注的内容资源的整合，因此网络媒体无疑具备独特的优势，只要报道主题策划得好，就可能赢得网友青睐。

根据艾瑞网《2010年世界杯热点营销研究报告》调研数据显示，64.3%的网民首选网络媒体了解世界杯相关资讯，远高于21.4%首选电视的网民比例。其中，综合门户成为网民了解世界杯的首选途径，选择占比高达68.9%。其次是视频网站，占比达到57.3%。网络已经成为网民了解世界杯相关信息的首选媒体，两大网络媒体成为了网民关注世界杯选择的主流媒体。

国内网络三大门户重拳出击：新浪从视频、文字、图片、博客、微博、社区等方面全方位报道南非世界杯，其所推出的“黄加李泡世界杯”网络视频节目深受球迷的欢迎；腾讯网则开辟“你的世界杯主场”专区，给网友充分的自主权利；搜狐推出以“我是体育迷”为主题的国内最庞大的年度体育互动平台。

以腾讯网为例，在世界杯期间共获得46家广告主投放，其中有20余家是投入规模较大的冠名投放，投放水平从千万级到百万级不等。分行业看，广告投放中既有可口可乐、百事可乐、阿迪达斯、沃尔沃、中国移动、中国电信、联想、微软等国际国内巨头，涵盖体育、汽车、通讯、电子产品、饮料、药品等行业。

为了争夺世界杯广告市场，腾讯网联手CNTV推出了独家视频直播，并搭建了独有的64场比赛专题，分别由国际品牌阿迪达斯和百事可乐冠名。而耐克和可口可乐则分别冠名腾讯网球迷中心和视频点播栏目。在本届世界杯，高端品牌对互联网影响力已经完全认可，这是互联网界一大胜利。

可口可乐“乐”动世界杯

体育营销不是促销，更不是简单的赞助、冠名，而是基于多方的互动与合作——赛事主办方、运动员、观众、赞助商及其合作伙伴。可口可乐在全球的营销活动中，以非洲式的狂欢为主题，通过音乐及推广非洲式的酣畅表达，鼓励和激发球迷以各自的方式释放激情，加入到世界杯狂欢的行列。

可口可乐在大手笔的营销活动中推广的不仅仅是自己，还有南非世界杯，并且将两者放到了同样的高度，在全球范围内用自己的营销力量为南非世界杯加热。

这次南非世界杯，可口可乐公司在全球范围开展了以“欢庆”为主题的整合市场营销活动，以来自非洲的草根明星Baruti为“2010南非世界杯可口可乐大使”，演绎着一场品牌传播的盛况。这位默默无闻的配音演员，以其经典的表达——Brrrr大舌音加之全身抖动的畅快，成了红遍非洲的“啵乐哥”，也为可口可乐开创了一个充满喜悦和动感的代名词。可口可乐公司以这个独特的声音为主题，在中国开始了轰轰烈烈的“啵乐乐乐”世界杯推广活动。这是一个一石三鸟的主题，“啵乐乐乐”作为一种具有非洲风格的消费体验表达，把消费者、南非世界杯和可口可乐品牌完美地结合在一起，极具传播力。可口可乐公司通过两种方式使“啵乐乐乐”在中国快速传播：“啵乐哥”（Baruti）来华，走遍国内12个城市，进行世界杯路演，为中国球迷带来他“原装”独特的“啵乐乐乐”。邀请网民上传自己的“啵乐乐乐”，通过网络票选中国“啵乐”大使。截止7月2日，已有151万人参与。

每届世界杯的主题曲也是球迷关注度最高的元素，可口可乐也在音乐方面做足了文章，用歌声传递激情与快乐。南非世界杯可口可乐主题曲《旗开得胜》的国语版，伴随着强烈非洲气息的鼓点节拍，由同为球迷的歌星张学友和张靓颖演唱，成为最受欢迎的2010年世界杯足球歌曲之一，并迅速在各大视频网站传播。

在世界杯期间，可口可乐推出“可口可乐世界杯欢庆时刻”活动——网络评选每日最佳进球庆祝动作(Goal Celebration)，获胜者不仅可以获得价值不菲的奖品，还可以赴瑞士FIFA总部亲自接触大力神杯。

可口可乐在各地赞助足球运动，并在全国范围进行世界杯足球路演，除了可口可乐的标志之外并没有大肆宣扬品牌理念，淡化运动的商业气息，以体育伙伴的姿态出现，观众也能心领神会，从而使可口可乐的品牌形象深入人心，也更具公益色彩。在中国“啵乐”大使的竞选和后期的“创意狂欢大比拼”中，可口可乐营造的是一种新鲜、时尚、欢乐的氛围，并在其具有3D形象的网络社区里进行推广，同时与腾讯、人人网、开心网等门户、社区网站合作，给年轻群体带来全新有趣的互动沟通体验，运用多种渠道满足他们的情绪释放与参与的渴望：上传视频“啵乐乐乐”可能获得世界杯之旅的机会；引入具有非洲风情的世界杯足球路演；推出彩铃、桌面、视频以及《旗开得胜》MV等关联产品和世界杯特别纪念罐。

通过一系列营销活动和广告推广，让人们充分领略到“运动可乐”、“快乐可乐”的风采，从而使受众在潜移默化中认同可口可乐“运动、奔放、向上”的品牌核心价值。

哈尔滨啤酒与世界杯的“冰火两重天”

2009 年 12 月 7 日，根据百威英博与国际足联签订的赞助协议，其子品牌哈尔滨啤酒正式成为2010南非世界杯足球赛的官方合作伙伴，同时也正式成为世界杯足球赛官方指定啤酒。这是中国啤酒品牌首次登陆世界杯官方合作伙伴榜单，也是哈啤迄今为止推出的最大手笔的赞助盛事。

巧妙利用世界杯之契机，中文哈啤的LOGO广告牌出现在世界杯赛上周边的液晶广告牌上。而随着各大媒体的视频转播，哈啤的名字也通过“出口转内销”的方式让所有收看世界杯的中国观众记住。

除了世界杯广告之外，哈尔滨啤酒还围绕世界杯主题开展“哈足球, 冰冻南非”系列大型市场活动，其创新的线上线下互动活动——哈尔滨冰纯花式足球挑战赛获得了公众的普遍欢迎。用户可在网上下载由前荷兰国脚、2010世界杯大使古力特指导的6个足球技巧示范和教学的视频，进行“虚拟教练”训练，并将自己的足球技巧视频上传回网站供网友投票。其中，个人足球技巧比赛的获胜者不仅能接受“荷兰辫帅”古力特以及国内著名教练的亲自指点，同时可以代表中国之队参加国际啤酒杯6对6足球锦标赛，站在南非世界杯的正式赛场上，和来自世界各地的球迷一较高下，角逐国际足球挑战赛的金杯。

此外，哈啤结合宣传车全国巡游路演、足球技巧训练营等一系列线下活动，与受众进行深切互动，迅速扩大用户体验、提高品牌知名度、促进产品销售。

中国英利借世界杯营销一夜成名

“英利是谁？”——这已经成为南非世界杯开赛以来中国球迷的最大疑问。

今年2月3日，南非世界杯赞助商名单中，第一次出现了中国企业的身影——英利绿色能源控股有限公司和国际足联正式签约，成为足球世界杯历史上首家中国赞助商。按照协定，英利除了每场比赛亮相8分钟广告标志和出现在电视转播中外，其标志还将以赞助商的形式出现在部分世界杯门票上。

为了成为世界杯的赞助商，英利2009年就开始准备，组织40人的专业团队运作此事。英利全球的营销战略主要分四大部分：全球传播、全球款待、展示、公益性营销，传播基本以通过网络方式以及一些专业性媒体进行，其领域是英利在全球的重点生产领域，包括地面活动等等。

英利此次赞助世界杯，付出数亿人民币以及光伏组件产品的代价，而所得到的权益包括：享有包括部分门票、场地广告宣传和媒体版权在内的全球市场营销权，以及在世界杯足球赛场馆内的球迷乐园展示其太阳能产品的权利。此外，英利将其公司标志与国际足联标志联合使用，在所有分销环节中为其产品和服务进行广告宣传或推广工作。英利还在世界杯足球赛的所有场馆内开展广泛的市场营销和推广活动。在下一届世界杯中，英利有成为赞助商的优先选择权。

尽管英利这个企业此前并不为公众所熟悉，但是通过在世界杯赛场上的亮相，这个名不见经传的企业的知名度得到立竿见影的提升，一度成为百度、谷歌最热门的搜索关键词，根据百度指数对搜索引擎检测，英利的"用户关注度"一夜之间大幅升高了425%。

中国英利成为自1930年创办世界杯80年历史上首个中国赞助商，也是全球第一家可再生能源企业参与世界杯盛宴。世界杯让英利赢得了更多的口碑，有力地推动了品牌建设和市场营销活动，使这次赞助成为一个双赢的活动。2010年世界杯开赛以来，省级以上媒体对英利的报道次数远超前两年的总和，英利还受到了美国彭博新闻社、韩国《中央日报》等国外媒体的强烈关注。韩国《中央日报》在报道中称"中国的太阳能公司英利太阳能在赛场上打的广告，使其品牌形象为全世界所知。"

麦当劳"足球风暴"掀全民狂欢

自1994年美国世界杯以来，麦当劳一直是FIFA世界杯的全球赞助商，获得世界杯比赛时的场地广告牌权益，以世界杯为主题进行市场宣传活动，并在全球各门店推出以世界杯为主题的纪念品。

自从2002年韩日世界杯起，麦当劳开始在全球独家赞助“球童选拔活动”(Player Escort Program)，这是麦当劳最有特色的体育赞助计划之一。通过这项独特的计划，麦当劳为世界各地的孩子们提供伴随世界顶尖球员并与他们手牵手步入赛场的机会。

2010年4月7日，麦当劳与中国宋庆龄基金会鼎力合作，携手宣布“2010FIFA南非世界杯球童选拔活动”开幕。这是继2006年德国世界杯之后，麦当劳再次在中国选拔世界杯球童，为中国儿童铺筑实现梦想的阶梯。不到一个月的时间，已收集全国各地小朋友的报名作品近千份。

在5月12日的决赛中，4名最优秀的“球童”以及2名来自四川平武地震灾区的学生，成功赢得了通往南非世界杯的入场券，与来自全世界40多个国家的1400多名小球童一齐登上世界杯的舞台，在万众瞩目下，与世界足坛明星手牵手步入赛场。

“世界杯，去麦当劳看球！”这是麦当劳另一世界杯营销力作。6月11日南非世界杯开幕的同一刻，麦当劳在北京、上海、广州、深圳等10余个城市同时启动了“南非世界杯麦当劳狂欢夜”活动，全国超过70%的麦当劳餐厅都将直播这一足坛盛事，而麦当劳24小时餐厅更将成为日夜不停的球迷加油站，将无数球迷吸引到麦当劳餐厅。

世界杯期间，麦当劳在天津、北京、沈阳、大连、青岛、济南这6个城市45所高校的9个赛区，举办麦当劳足球宝贝评选活动，每个赛区将评选出冠亚季军以及形象宝贝、亲近宝贝奖，每个赛区的冠军都将获得南非旅游大奖。

借赞助世界杯的契机，麦当劳迎合其目标消费群体的兴趣爱好，将远在大洋彼岸的赛事打造成“东方式的”全民狂欢，大大提高了品牌好感度，为其在中国进一步营销扩张打下基础。

非赞助商品牌成功“伏击”世界杯

伏击营销(Ambush Marketing)原指非赞助企业开展与赞助对象相关联的营销活动，使消费者误认其为官方赞助商的一种“非法”分享官方赞助权益的商业行为，带有明显的寄生性。由于赞助资源的稀缺以及赞助费用的高昂，绝大多数企业无法跻身世界杯赞助商行列。在今年南非世界杯上，除了世界杯的官方赞助商以外，诸多品牌面对这样四年一次的商业机遇，也不约而同地选择了“伏击式营销”，围绕世界杯为主题的营销举措纷纷启动。

早在世界杯开赛前夕，东风日产就开展了别开生面的“超级球迷”选拔活动，一男一女两名入选者将驾驶日产奇骏、逍客穿梭于南非十几个世界杯赛场之间，并提供高达10万元人民币的月薪，两位“超级球迷”的赛场日记也会通过央视和体坛周报两大权威媒体传播。

东风日产的世界杯营销，在球迷与车迷当中引起了极大反响。这个“十万月薪”奇骏、逍客超级球迷进军南非世界杯活动，东风日产将目标客户、潜在客户中的球迷作为主角纳入其中。显然，效果不言而喻，关注度更好，参与性也更强。

东风日产世界杯营销的新模式，多维度、多平台的深度互动，充分发挥网络媒体更具灵活性和针对性的特性，通过差异化的营销策略成功“伏击”世界杯。

上海世博会　无处不在的公关力量

5月1日—— 10月31日，第41届世界博览会在中国上海隆重举行，这是中国第一次举办的综合类世界博览会，也是自2008年北京奥运会之后，在中国举行的最大规模的国际盛会，全世界的镜头和目光都不约而同地聚焦在盛装举行的上海世博会。

世博会一直被称为“经济奥运会”，在长达184天的展期里，世界各国政府和人民将围绕这一主题充分展示城市文明成果、交流城市发展经验、传播先进城市理念，从而为新世纪人类的居住、生活和工作探索崭新的模式，为生态和谐社会的缔造和人类的可持续发展提供生动的例证。

2010年上海世博会直接投资约为286亿元，有192个国家和地区、50个国际机构参加，运行18个企业馆和50个城市馆，将吸引7000万人次的客流量，这些庞大的数据对于每一家企业都具有极强的吸引力，意味着上海世博会是一个绝佳的品牌展示舞台，同时也潜藏着勃勃商机。对各大国际品牌和中国本土品牌而言，世博会营销是继奥运会营销后又一新的品牌升级契机。

对于企业来说，持续184天的世博会是一个绝无仅有的营销平台，不仅仅是企业品牌展示的机会，更有利于与消费者建立紧密的互动和联系，让企业的品牌和产品赢得更深远的影响。世博会的社会影响力、媒体关注度以及观众聚集效应，无疑将促使品牌传播效果呈几何倍增，可以预见，上海世博会也将成为各商家企业硝烟滚滚的营销战场。

那么，在长达6个月之久的上海世博会期间，企业决策者应该如何借助世博吸引力和平台传播力，最大化放大品牌影响力、实现品牌价值的迅速提升？

世博营销考验企业"多赢"智慧

世博会是一个大舞台，每一个品牌都可以找到那个"多赢"的契合点，但如何找到这一个契合点，并将品牌与世博这一全球范围内最具影响力和感召力的大事件对接，则是对企业公关营销决策者的重大考验。

作为一个以文化、科技、绿色为主题的盛会，"城市，让生活更美好"的主题，与先进中国企业的价值观非常吻合。这使得世博营销更具包容性，除了赞助商之外，更多行业可以找到属于自己的营销机会。

上海世博会共有58家赞助商，包括13家全球合作伙伴和14家高级赞助商，此外，还有31家项目赞助商为世博提供项目赞助。如IBM、可口可乐、中国电信、西门子、通用汽车、伊利等国内外大型企业都成为了世博赞助商。在5.28平方公里的世博园里，数以万计的中外企业和品牌正在和世博58家赞助商争夺着世博会这块大蛋糕，但如何享用这块大蛋糕，则成为摆在众多企业面前的一道难题。

世博会巨大的商机引来众多企业觊觎的同时，高额的赞助费用直接将那些想要参与世博的企业拒之门外。于是，一些"世博擦边球"的营销行为也层出不穷。比如，可口可乐是上海世博会非酒精饮料类的全球合作伙伴，但百事可乐却通过赞助美国馆曲线入园；中国移动是世博会的全球合作伙伴，但中国联通则为芬兰、挪威、西班牙等国家馆提供通信服务。甚至没有任何赞助商头衔，企业也能够找到办法入园。比如，游客们休息的长椅，就是利乐公司在上海不同的社区回收奶制品包装，然后用其做成一千多把椅子，放在世博会园区内，活动取名叫“椅你为荣”。

奥运会仅有短短的二十几天，上海世博会长达184天，如何抓住公众的眼球、保持持续的关注，其营销难度要比奥运更大。如果企业能够将世博营销提高到未来发展的战略高度，做到长期稳定的投入，就能取得超乎想象的复利效应。

而且我们也看到，有许多企业成为世博会的各级赞助商或供应商，但部分企业所推出的产品和所作的宣传，与世博主题不符或者毫无关联。世博会的核心信息在于世博会的主题，即是“城市，让生活更美好”。若企业的产品无法与健康、低碳、绿色和环保趋势有所关联，那么其所作的品牌赞助，达到的宣传效果可能会收效甚微。

互联网延伸世博营销价值

作为2010年上海世博会的一大创新，首次引入“网上世博”的概念，借助互联网媒体的传播优势，上海世博会采用创新的展览模式，弥补了现场体验的不足，实现了实体世博会和网上世博会的有机联通，打破了时间的局限与空间的藩篱，最大限度地发展了互联网的“长尾力量”，使上海世博会成为“永不落幕的世博会”。

在互联网迅速发展、长尾经济兴起、媒体分众化发展的今天，世博会已经是品牌传播的重要战场，网上世博会将给企业的营销带来更多机遇和挑战。从本届世博会的营销来看，越来越多的企业开始深耕世博网络营销，最大化利用互联网这支杠杆，找准世博与品牌之间的最佳契合点，并以此为支点，撬开品牌营销的大局面。

截止到9月28日，进入世博园区参观的中外宾客达到5684.10万人次。各大门户网站、主流媒体也纷纷推出了世博会相关专题。根据万瑞数据对世博会网民认知度的调查报告显示，98.5%的网民关注上海世博会，“网上世博”(www.expo.cn)的入园人数已超过5000万，页面浏览量超过10亿，其关注度高于以往任何重大事件。

腾讯将网上世博会与其互动产品结合，比如对于上海周边感兴趣的人、参观展馆的人、想成为世博志愿者的人可各自形成一个SNS。此外，更多的普通网民可以通过博客、微博、播客等“自媒体”平台来表达自己。仅新浪博客一家，就可以检索到与“上海世博会”相关的博文共1119万篇。如此巨大的关切度，在近年来的个人博客主题中十分罕见。

“网上世博”的创举，使得餐饮、旅游等世博商务活动和服务内容得到了极大的丰富和延伸。更为重要的是，网上世博会等于是为各参展方在世博园外另辟了一个营销平台，除了将世博展馆“还原”到网上之外，各参展方还可以进行“额外”宣传。因此，只要有想法、有创意、善于运用新技术，就可借网上世博会，用更多的形式、更有创意的想法吸引更多的目标受众。

公关力量提升企业品牌形象

1915年，在美国旧金山举行的巴拿马-太平洋万国博览会上，中国茅台酒“一摔成名天下知”，成就了一段佳话。而在近百年之后的上海滩，数千家品牌更是奇招频出，充分借力世博会这个公关大舞台进行市场营销，向外界展示品牌的实力，贡献了一场场精彩的公关盛宴。

各大企业纷纷根据世博会制定自己的世博营销战略，有的企业投入巨额赞助费，成了世博赞助商；有的企业建立自己的产品展区，抢注世博特许经营产品；有的企业打出世博广告；有的企业运用世博促销、活动、奖品等等。各大企业可谓花样百出，招数不断，以期通过多种手段的世博营销战略，借着世博的东风，实现企业品牌的进一步推广。

赞助商：抢占制高点，世博全覆盖

上海世博会的市场开发参照了奥运会、世界杯等大型活动，将赞助商划分为三个等级，包括全球合作伙伴、高级赞助商以及项目赞助商。能够成为世博会的赞助商，则意味着能够享受组委会所授予的各项权利，包括标志特许经营、活动经营、票务推广营销、场地租赁和其他商业化运作内容，世博会赞助商身份能够使企业形象在会展期间得到最大化的展示，实现世博全覆盖。因此，赞助商在世博营销战中投入了巨大的人力物力财力形成强大的营销矩阵。

可口可乐　线上线下齐"快乐"

善于公关营销的可口可乐自2007年成为上海世博会第一个独立的美资全球合作伙伴之后，就启动了全球范围内的世博营销战略。比如设计制作"海宝"纪念瓶、宣布建立世博可口可乐企业馆、向全球发布"可口可乐——世博组合标志"，不仅吸引了更多消费者关注世博，更将企业品牌与世博牢牢地捆绑在一起。

随后，可口可乐在全国大学生中进行绿色创新活动，并携"海宝"与三位可口可乐大使于2010年新年一起踏上快乐环保之旅，用365天访问全球

206个销售可口可乐的国家和地区，沿途宣传上海世博会。

可口可乐还开展了“精彩世博，世界乐在其中”网络互动活动，活动全程以快乐为主题，以微笑、城市为主要元素，利用互联网的广泛影响力和SNS机制充分调动网友的快乐情绪和互动热情。可口可乐还将快乐使者的照片制成“快乐徽章”，跟随全球快乐大使环游世界，并通过博客、SNS等渠道全程记录，把网友的每一次注意力都转化为对可口可乐的快乐关注，为可口可乐制造了与目标消费人群互动和沟通的机会。

5月8日，可口可乐在世博园内迎来了125岁生日，这也是世博园区第一个企业馆日。可口可乐以“欢聚世博，世界乐在其中”为主题，举办了一系列精彩纷呈的活动。快乐使者团也回归世博园，张学友、王力宏、飞轮海、张靓颖等一众明星举行庆生演唱会。这场以“积极乐观美好生活”为主题的营销盛宴，也是可口可乐对上海世博会的一笔无形赞助。

可口可乐无疑找到了一个与上海世博会很贴切的切入点，在与各层次消费者尤其是年轻一代消费者的互动中，让可口可乐的品牌和产品赢得更深远的影响，最终实现品牌传播的诉求。

通用汽车　筑梦未来交通蓝图

作为2010年世博会全球合作伙伴，通用汽车除了在世博会现场以非常精彩的主题——“直达2030”的企业展馆呈现给世界一个未来的交通生活理念。展馆将汽车的设计元素融入造型，形成一个螺旋形上升的圆，高低错落，象征着不断迸发和升腾的能量，展望汽车工业的美好未来。馆内展示了人们对未来城市移动系统的愿景：零排放、零交通事故、远离对石油的依赖、远离交通阻塞、驾乘充满乐趣等。

汽车馆的主展电影讲述了一个关于“爱”的故事。在影片《 2030，行》中，观众会看到智能环保的未来汽车和2030年美好的交通生活，多能源供电、自动驾驶、不堵车、没有交通事故，这些未来交通美景都给观众带来一次难得的视觉盛宴。而电影中的三对主人公也借助智能汽车和交通，拥有了更完美的人生。

此外，通用汽车更借助互联网开启了广阔的世博营销平台，上海通用汽车与百度联合建立了世博会专题网站，全面整合和调动百度搜索及社区资源，在世博会期间，分阶段举行丰富多样的活动，与网民深入持久互动，分享世博乐趣。在整个专题页面中，适当穿插上海通用汽车世博会官方合作伙伴的logo、通栏广告及世博期间的活动展示，让网民在查询信息的同时，增加上海通用汽车的展现与曝光，提升品牌形象及好感度。其中，试驾世博用车、体验3D未来车魅力等活动的广告，点击即进入到上海通用汽车世博官网，全方位凸显通用汽车世博会全球合作伙伴价值，加深受众认知及转化。

4月，上海通用汽车携手百度知道推出“世博出行我知道”系列有奖问答活动，邀请网友集思广益一起探讨，解答世博出行的各种问题。网友在报名参加活动时，需要先为自己获取参与图标——上海通用汽车Logo，该图标将成为活动参与的标志并作为获奖的必需条件。提问和答题都可以获得奖励。

5月，上海通用汽车联合百度知道继续推出了以“传递绿色世博，绿色分享智慧”为理念的“上海世博会团队PK赛”活动，邀请网友共同分享世博的信息和智慧。参与活动的网友要从“城”“市”“让”“生”“活”“更”“美”“好”八支团队中选择自己喜爱的团队加入，成为百度知道世博问答志愿者。

同时，上海通用汽车还借助百度贴吧实时发布上海通用汽车“在线预约试乘试驾”等活动动态，聚集企业“粉丝”，在与消费者的深入互动中，通过适时地植入上海通用汽车的相关信息，提升品牌形象，增加品牌好感度。

非赞助商：曲线入园，伏击战役遍地开花

世博的合作伙伴和赞助商身份尽管吸引了诸多企业的关注，但由于门槛的限制，“重金砸钱”的策略并非与所有企业的营销策略相契合，因此，更多的企业则是选择伏击战术，通过赞助场馆的形式曲线入园，或者是通过与具备赞助商资格的企业合作进行联合营销。

作为全球合作伙伴的成本高达4亿元人民币，而成为单一场馆的赞助商，所花的费用可能只是前者的零头。比如美国馆赞助商的最高费用也仅为500万美元(折合人民币3400万元)。因此，间接参与世博的企业数量比全球合作伙伴及赞助商翻了好几倍，费用也低很多，从而有更多的企业分享到世博“蛋糕”。

海尔集团 四馆齐下展全球实力

从奥运到世博，海尔的营销战略体现出真正的国际化品牌营销路线，凭借创新的科技与产品，海尔为全球160多个国家和地区的忠实拥趸带来了一场世博盛宴。一方面，海尔通过世博会，将当今全球领先的“创新、智慧、环保”的美好生活体验带入中国寻常百姓家中；另一方面，借力世博会这一国际盛事，再次将海尔国际性的战略营销思想和品牌理念展现给全球观众。

3月27日，海尔集团正式启动全球世博营销计划。同时，青岛海尔赞助

中国山东馆的合作开始进行。海尔在山东馆构筑了一个“U—home物联网生活”体验中心，展示了海尔自主研发“物联网冰箱”、“无尾电视”等，令人与物、物与物之间的沟通对话成为可能。

世博期间，海尔为美国馆提供一系列环保绿色的海尔产品。随后，海尔赞助新西兰馆和意大利馆，将创新的产品和生活方式展现给来自全球的游客。

6月，海尔美国与美国馆在全球微博网站启动“海尔世界家”有奖竞猜活动，优胜者家庭将获得上海世博园观光之旅。该活动引起了中美消费者的浓厚兴趣和热情参与，最终入选的海尔家庭均是使用海尔产品的忠实用户。10月10日，世博美国馆“海尔日”活动拉开帷幕，获奖家庭相聚世博会美国馆共同拼成一幅“世界家”绚丽图画，欢庆海尔美国11年家电总销量突破4000万台。

上海世博会期间，海尔联合中国青少年发展基金会共同发起“‘我希望的家园’希望小学走进世博”活动，通过对全国百所海尔希望小学的才艺征集，组织邀请获奖学生代表参观、畅游世博，引领海尔公益事业从“物质扶持”升级到“精神扶持”。这也是继海尔在奥运期间启动的“一枚金牌一所希望小学”后的又一次爱心延续。

宝马（中国）在线接力成就互动之“悦”

宝马汽车并非世博会的合作伙伴或者赞助商，但是却巧妙地借助腾讯上海世博会唯一互联网高级赞助商的身份及其对互联网民的广泛覆盖，宝马（中国）的网络志愿者接力——“有你有未来”活动应运而生。

宝马利用腾讯的优势资源为本次活动搭建了一个深度的互动平台，通过QQ、IM、QQ.com等媒介全方位地对受众进行活动告知。招募阶段将从普通网民中甄选20100位用户作为传递第一棒的志愿者。

活动紧扣“有你有未来”的绿色主题，将宝马对未来的美好愿景融入其中，极大限度地调动了用户的积极性。传递过程中，不断更新加入与时下热点相关的公益任务及传递路线，如绿荫行动、救助青海地震等，保持用户的高度关注。网友传递成功前需要完成的线上公益任务，将宝马多年来所倡导的环保、科技、公益概念及为此所做的努力进行巧妙而自然的植入，包括植树改变环境、儿童安全教育、节能减碳等项目。以爱心和绿色为钥匙，让每一个参与活动的用户受到潜移默化的影响。

活动还邀请世博大使刘翔、郎朗及其他名人如李永波、张靓颖等加入，开启明星传递线路，利用名人效应加大参与度及讨论度，加大网友参与的广度及热度。

凭借宝马强大的品牌号召力和本次活动良好的宣传主旨及出发点，两周内报名人数就突破了100万。整个活动吸引了6542万网友参与接力。

企业馆：企业“嫁入”世博

另外一种能够体现企业实力和营销智慧的世博营销策略为自建企业馆。企业馆的创设始于1933年的美国芝加哥世博会，此后，企业参展成为历届世博会中不可或缺的环节，也是参观者喜闻乐见的一大亮点。

上海世博会邀请来自海内外的企业来参展，在浦西世博园区建馆，有18个企业馆。

在复星集团的牵头下，包括阿里巴巴、大连万达、美特斯邦威在内的16家企业组建了上海世博会民营企业联合馆；而上海国资委下属大中型企业则联合出资，由国盛集团承办，建造了上海企业联合馆。

作为上海世博会惟一参展且拥有独立展馆的房地产企业，万科没有大肆地宣传自己，而是将世博营销的重点放在绿色、环保之上。万科馆选择以讲故事的形式来讲述关于人、自然和城市的相互尊重，带给参观者对“尊重的可能”的思考与探索。

万科在世博前后启动了“万科与您相约世博”、“零公里行动”、“绿色改变未来，万科缤纷世博”等公益活动，看似处处都在宣传绿色、环保，却已经聪明地低调宣传了自己。

“万科馆·2049”这一绿色建筑本身的建造和设计，已经说明了万科的理念和技术水平，未做任何宣传就已经证明了自己的实力。

以公益之名 布局世博情感诉求战

上海世博会有明确的主题“Better City，Better Life“，倡导高科技、倡导环保以及对生活品质的改善和提高，所以更加注重企业的社会责任，在这种情况下，诸多企业选择了围绕科技、环保等话题来做营销。

举行不间断的公益行动，是安利世博营销的重要战略之一。在2009年，安利公司就开始开展一系列以世博为主题的志愿者公益行动，如“迎世博交通文明行”活动、“迎世博 水域文明行活动”、“百馆争辉 添彩世博”活动、“上海世博红领巾志愿宣讲团安利爱心手牵手2009年长三角巡讲活动”。

2月1日，100名来自全国各地的上海高校贫困大学生获得安利（中国）的资助，回家过年，并展开“世博笑脸全国接力”宣传，为世博采集拍摄笑脸照片，由此拉开“中国2010上海世博会百万笑脸征集全国接力——安利志愿者微笑伴你行”活动的帷幕，把活动从上海延伸并覆盖至全国各地，让全国人民共同感受并参与到世博的宣传中来。

作为世博会高级赞助商以及世博会惟一乳品合作伙伴，伊利在营销上大打世博牌。2009年开始，伊利正式启动“世博标准工程”，全面升级了通过奥运形成的最高产品和服务标准，包括由内而外地对伊利的品质、渠道以及公益形象进行全方位升级，全面提升伊利的精确管理体系、产品品质和服务，实现标准的固定化、持续化、系统化，并将这一标准运用于伊利所有的管理、生产环节。

伊利集团还打造了世博纪念装大型路演活动，一座由数千个伊利“世博纪念装”牛奶盒搭建而成的世博“中国馆”相继亮相于上海、南京和杭州，不仅与广大消费者一起分享世博风采，更让世博走进了广大消费者的身边，贴近了大家与世博的距离。

在世博园区内，伊利打造了遍布园区的20多个母婴中心，方便了每一位来世博游览的母婴游客；育乐湾里，孩子们可以意犹未尽的体会未来的每一种职业；伊利用责任的力量“让关爱的阳光照亮每一个残疾人的心灵”，生命阳光馆在世博园区内大放异彩。同时，伊利集团全线产品服务世博会，将伊利所构建的“绿色产业链”理念传递给了世界。

亚运营销潜力被低估
本土品牌大放异彩

第16届亚运会于2010年11月12日至27日在中国广州举行。2010年可谓是体育大年，年初的温哥华冬奥会、年中的南非世界杯和年底的广州亚运会贯穿全年。对于瞄准了体育营销的企业来说，参与冬奥会、世界杯、亚运会的营销宛如体育营销三级跳，广州亚运会就是2010年体育营销的收官之战。

本届广州亚运会设28个奥运会项目、14个亚洲特色非奥项目，总共42个竞赛大项、476个比赛小项。来自45个亚洲国家和地区的9704名运动员参加广州亚运会，比赛项目和参赛人数都创历届亚运会之最。本届亚运会的投入也刷新纪录，直接及间接投资预算为1226亿元人民币，总投资为此前号称“最贵亚运会”的卡塔尔多哈亚运会的6倍有余。

据中视互联对本届广州亚运会作的收视调查显示，11月12日20：00广州亚运开幕式和11月24日19：30田径男子110米栏决赛收视率分别为11.12%和14.06%，超过了央视每天19：00的新闻联播，整体收视率情况理想。本次广州亚运会直接覆盖影响的人口约为40亿人，这也是体育作为没有语言障碍的文化产物的特殊作用。

中国的体育产业自2008年北京奥运会后迎来了一个新的发展期。如何搭乘体育营销这辆快车，如何利用公关实现体育精神向企业品牌价值的转化，挖掘体育事件背后蕴藏的商机，如何通过体育营销实现企业规模和体系的升级是众多企业迫切关注的重要问题。

收视排名	日 期	时 间	赛 事	频 道	收视率
1	11月24日	19:30	田径男子110米栏决赛	CCTV-5	14.06%
2	11月12日	20:00	亚运会开幕式	CCTV-1 / CCTV-5 CCTV-3	11.12%
3	11月22日	19:20	田径男子100米决赛	CCTV-5	9.08%
4	11月26日	19:00	男子篮球决赛	CCTV-5	8.88%
5	11月18日	18:55	男子1500米自由泳决赛	CCTV-5	7.94%
6	11月27日	20:00	亚运会闭幕式	CCTV-1 / CCTV-5	6.80%
7	11月21日	20:40	羽毛球男单决赛	CCTV-5	5.85%
8	11月15日	18:30	男子4×200米自由泳接力决赛	CCTV-5	5.24%
9	11月27日	14:20	女排决赛	CCTV-5	4.43%
10	11月20日	21:30	乒乓球男单决赛	CCTV-5	2.99%
11	11月13日	8:35	武术男子长拳决赛	CCTV-5	1.91%
12	11月14日	21:15	女子举重53公斤级决赛	CCTV-12	1.13%

（亚运收视排名）

本土企业发力，公关已成重要的营销武器

本届亚运会总赞助金额近30亿元，已远超历届规模，甚至是多哈亚运会的4.5倍、釜山亚运会的3倍。52家赞助企业中，高级合作伙伴7家、合作伙伴6家、赞助商5家、独家供应商7家、供应商27家，赞助商的数量创历史之最；其中仅广州汽车集团的单个赞助合同金额就达到了6亿元，非独家供应商最低的"门槛"也要1000万元人民币。

从企业类型来看，中国民族品牌占据了绝对比例，其中大部分为广东本土企业。除饮料、体育类产品等行业外，还涵盖了汽车、移动通信、金融、运动服装、家电、保险、饮料、互联网、数码产品、装修材料等十几个行业。

在此次广州亚运中，赞助企业普遍投入较大。首先体现在各层级赞助

商赞助费用不菲；更为重要的是，广大赞助商在全球经济低迷的情况下，希望借助亚运平台作契机，加大企业宣传力度，实现企业的发展战略。

大型国际综合性体育赛事资源的稀缺性，受观注程度高，后北京奥运时代体育市场的蓬勃发展，国际品牌对亚运参与热情不高使亚运赞助品牌容易突围，以及2010年下半年缺少其他大事件对广州亚运会关注度的影响成为本土企业发力的主要原因。

体育营销带来的思考——找准企业体育营销的核心点

体育营销的本质并非简单的品牌宣传，更不是进行简单的市场终端促销，而是借助体育平台将企业的品牌核心文化进行提升和超越。企业一定要在品牌与体育精神之间找到两者最佳的契合点，才能很好的实现体育精神向企业品牌价值的转移，推动品牌拉升，促进企业的市场营销。

体育赛事期间是体育营销的集中引爆点，短短15天的时间企业需要实现“告知消费者品牌存在、品牌露出、价值转移、目标人群传播”四个步骤，广告宣传显然无法在短时间内满足以上的需求，因而公关手段就成为致胜的关键。其中亚运公关题材的价值挖掘和实现，创意、力度、覆盖面、消费者互动、影响高度等因素都必不可少，只有这样才可能实现亚运公关的预期效果。

另外，如果只是进行品牌宣传，投入体育营销显然给力不足，如何实现体育营销价值最大化呢？首先企业内部运营和外部扩展等方面要建立一整套的支撑体系，在产品技术、功能、设计等方面有了支撑，也有了遍布全球的市场营销网络、生产基地、销售人员，再配合各种各样的公关软性传播、品牌宣传广告和市场促销等环节，实现同等规模体系扩张，真正在体育营销与企业品牌升级之间建立一条“高速公路”，实现整体的崛起。

亚运公关加速企业发展战略步伐

2008年北京奥运会成就了李宁品牌的国际知名度、2010年南非世界杯让“中国英利”家喻户晓，公关会给广州亚运会赞助企业带来怎样的推动力呢?

加多宝：资源整合到位，推广策略环环相扣

加多宝企业在品牌建设、产品开发、渠道推广等方面一直不遗余力，作为广州亚运会高级合作伙伴，加多宝公司更是结合了旗下王老吉品牌自身的特性，利用凉茶文化盛行的广州，加入了感情因素，追加“情感投资”，使得企业文化、体育文化和当地文化实现三者相融合。

透视王老吉的亚运营销，不难发现，“唱响亚运，先声夺金”、“举罐齐欢呼，开罐赢亚运”、“点燃吉情，传递精彩”，以及“王老吉亚运之星”评选活动是针对亚运不同阶段推出，营销上的环环相扣成为最大的亮点，不仅营造了良好的亚运气氛，同时也为王老吉凉茶品牌积累了数十亿的人气，强化了品牌与消费者之间的互动，为提升品牌影响力注入决定性的因素。

广州亚运推广四步曲，步步为赢

2009年下半年，王老吉推出了具有广泛参与性的“先声夺金”唱响亚运歌手挑战赛。此次亚运歌手挑战赛，以国际顶级赛事为契机，以亚组委官方为背景，在比赛过程中极力突出亚运元素，而最终获胜的三名选手则成为亚组委官方认可的“亚运歌手”，共同“唱响亚运”。

2010年6月，“举罐齐欢呼、开罐赢亚运”——王老吉亿万亚运欢呼大型征集活动拉开帷幕。王老吉号召全国人民为亚运献上精彩欢呼，同时，每一个通过网络上传符合要求的“举罐欢呼动作”图片的参与者，都将有机会出现在广州亚运会开幕式上。这是一次基于Web2.0的互动整合营销活动，以网络平台为主体，借助多样化的媒体传播策略，邀请千位明星为广州亚运会造势，借助明星超强的人气吸引公众参与。

7月12日至25日期间，在亚运火炬手的选拔中，加多宝拿出25个名额，面向社会公益人士招募亚运火炬手，社会公益机构可向活动主办方推荐各领域的社会公益人士，成为亚运火炬手候选人。这样的公众公益亚运火炬手选拔活动对企业的社会影响力是巨大的，企业形象在公众心中也进一步提升。

在亚运比赛期间，王老吉“亚运之星评选”活动展开，网友通过电脑或手机登陆活动网站，投票给自己心中的亚运之星，当天获得票数最高运动员即为当天的亚运之星，参加投票者可参加抽奖获取亚运奖品。用比赛当天的焦点作为活动内容，在短时间内迅速吸引了大批网友观注和参与。

资源整合到位，传播效果喜人

据零点公司发起的《城市关键活动影响力研究SIKCE广州亚运会》赞助商的识别和认知度调查结果显示，近40%的公众能识别王老吉的亚运赞助商身份，北京、上海、广州三地其识别率高达50%，相比其他知名大企业20%左右的识别率，王老吉表现突出。

知名网络数据公司缔元信同样发布了一份网民对品牌及亚运赞助商身份认知度的调查，结果表明在网民对品牌的认知度调查中，王老吉凉茶以85%的品牌认知度和48%的亚运赞助商认知度名列双榜之首。

361°：海陆空营造多一度热爱与关注

对于体育营销而言，只有当企业的品牌理念和所赞助的体育赛事精神高度一致，才能让观众从体育精神的感知转移到对企业精神的认同，实现赞助效果的最大化。本届亚运会理念为“激情盛会　和谐亚洲”，其核心为“热爱”，“激情盛会”突出对体育、亚运的热爱，“和谐亚洲”则强调亚洲人的同胞之爱。为了契合亚运理念，在亚运会倒数一周年的时候，361°即启动亚运营销战略，将品牌口号调整为了“亚洲　多一度热爱”。而这在将品牌精神与广州亚运理念进行完美融合的同时，还深刻洞察了当下中国的体育现状：目前，中国正在由体育大国向体育强国迈进，需要由竞技体育向大众体育转化。“亚洲　多一度热爱”的品牌口号意在传递全民运动精神，呼吁人们热爱运动，并用这种真诚而质朴的热爱，去对待工作、学习、生活以及身边的人和事。

作为在本土举办的大型国际体育赛事，民族主义热情被再度点燃，除了本国运动员比赛中摘金夺银外，本国企业体育品牌出现和参与满足了民族主义情感的需求。

创意打造“海陆空”营销阵势

在亚运会倒数500天之际，361°启动了主题为“亚洲之路”的宣传造势活动，在海路上，“阔阔真公主号”满载着亚洲20多个国家对2010年广州亚运会的祝福缓缓驶入香港，361°利用此次海上“丝绸之路”，将与广州亚运主题相对应的“亚洲 多一度热爱”口号传播到造访的45个国家和地区中，为企业品牌带来更高的知名度，为其全面进军亚洲市场奠定了舆论基础。

在陆路的“亚洲之路”，361°特地设计了3610件纪念衫，赠送给“亚洲之路”所到的中亚国家的奥委会。而在全国31个省份及地区的销售网络中，超过5900家授权经营门店统一打造亚运特有的主题空间形象，户外广告遍布主要商业角落。

此外，361° 亦携手中国移动梦网，共同打造“无线空中圣火传递”活动，联合腾讯网启动“热爱之火点亮亚洲”的线上圣火传递活动，也将亚运精神与品牌精神传播得更加广泛，为亚运会到来进行预热，得到了众多网友的参与和支持。

亚运期间，361° 的用户关注度和媒体关注度分别上涨了115%、100%，极大的提升了品牌知名度和美誉度。

接力亚运，升级战略，征战国际

在亚运的余热尚未退去之际，361° 开启“亚洲新动力”全新品牌战略，“亚洲新动力”战略将涵盖赛事赞助、产品研发、人才培养、资源开拓、媒体合作等多方面内容，通过牵手亚奥理事会、持续赞助亚洲顶级体育赛事等方式，为领跑后亚运时代谋篇布局。

亚运公关的延伸性思考

广州亚运会公关无处不在，如何突破传统体育行业领域的限制，彰显与体育无关行业的特色和企业价值，如何凝聚公关力量让企业和品牌印迹留在受众的脑海，由此引出相关的延伸性思考。TCL亚洲市场发展策略使其在广州亚运会上投入巨大资源作为宣传，除了利用本土企业的优势，对消费者在情感上进行了公关外，还可将同一行业领域的三星作为参考学习的对象，后者在亚运营销上已经取得成功；广汽集团以6个亿的赞助费代价获得广州亚运会高级合作伙伴的身份和比赛专用车的待遇，如能在亚运火炬传递、自行车和马拉松这种长时间直播的比赛中使其产品更长时间地出现在电视直播中，将取得更进一步的宣传效果。相对于通讯服务商广东移动来说，可以从保障赛事期间外国参赛者的通讯，公共区域无线上网服务等体现对比赛的支持和企业的社会责任。另如没有参与广州亚运会的中石油企业，则可以从“为中国加油、为广州加油”的口号进行情感公关。

网络公关+

Digital Public Relations

中国企业舆论环境研究

RESEARCH ON PUBLIC OPINION OF CHINESE ENTERPRISE

公关界的一道年度风景

公共关系的魅力和活力就在于总能接触到最新的社会脉动和话题——无论是技术的还是理念的，并将其运用到企业或机构传播之中，从而产生经济和社会效益。2010年，社交媒体（Social Media）在国内大行其道，在此传播介质基础之上的所谓“网络公关”，作为传播策略和手段，为企业、机构和传播人竞相研究、实践，成为公关界的一道年度风景。

《公关2010》所选择的三个相关案例，很好地呈现了网络社交媒体产业链的生态：介质平台、策略设计以及灵活战术。“新浪开启微革命”不仅刻画了新浪作为门户网站精准的商业眼光和精密的营销布局，也道出了微博风行的本质——即时性、参与度和影响力；“借《老男孩》的品牌植入”展现了一个策划全方位的网络事件营销运作的魅力；而“网络红人的另类营销”让人体会到剑走偏锋的快感与惊险。

网络和社交媒体的功效是众多的：新闻传播、社会监督、公共服务、娱乐、交友、分享、及时救助，不一而足。笔者在此就以商业为目的、借助网络和社交媒体的传播，谈两点看法：

一、无论形式如何，在本质上，需要传递企业和机构的思想

诚然，网络传播、网络营销领域非常热闹，但真正充分发挥网络和社交媒体的特点及效应、十分出彩的案例并不多见。多数案例还是追求广泛触及目标人群、讲求娱乐性和吸引眼球。这样做本无可厚非，但传播者需要考虑的是，在一番轰动之后，我为企业发展和业务进取留下了什么（即商业投资回报）？推而广之，我又在推动社会进步的层面上留下了什么（即企业社会责任）？

雪佛兰借力“老男孩”是一个有意义的策划，找到了产品的精神定位与时代精神需求的结合点，所以能打动人心、让人产生共鸣；耐克为老虎伍兹设计的广告，在强调丑闻给伍兹的启迪，是在宣扬善的力量。如果网络传播只是求新求奇、博出位，其影响力恐怕不会长久，很快就会被新的热点所替代。

二、 既然具有媒体的属性，就需要遵守媒体的职业守则

有人把网络媒体时代称为“自媒体”时代，每个人都是报人、传播者，包括企业在内。草根的力量得以真正的释放。同时，网络传播也是一个缺乏有效监管、真实与虚假并存的空间。某条虚假消息可能会伤害到一个阅读者，使TA从此对网上的消息不再相信，而TA的经历还可能影响到TA周边的人，对网络信息将信将疑，或者只了解而不采取任何行动。

企业传播是以推动受众行动为导向的。我们现在成了主动的传播者，就必须要尽到媒体的责任 —— 传播真实、传播有利于社会的信息和价值观，否则我们今天的小聪明只会搞坏网络传播的环境，最后影响到我们的生存与发展。

点评专家:

徐俊，杜邦公司中国区公共事务总监，杜邦上海分公司总经理，近20年公共关系从业经验。曾在博雅公关任职近10年，2002年加入杜邦，负责杜邦在中国大陆及香港地区的公共事务传播。

微博元年：新浪开启微革命

Web2.0时代，新的媒体形态层出不穷，每一个新媒体形式的出现都意味着Web2.0的普及和进步。进入2010年，Web2.0更是狂飙突进，中国网民的参与度和活跃性呈现出爆炸式增长，这一情况的出现，与一种新媒体形态的诞生不无关系——微博。

140字以内的篇幅，更强调即时性，微博降低了民众表达意愿的门槛，“破天荒地形成跨越地域和阶层的全国性公共领域”，社会名人、草根民众乃至弱势群体都能在网络上发出自己的声音。继博客、论坛之后，微博已经成为门户UGC（User Generated Content用户原创内容)产品的“标准配置”。“微博改变中国”已成为不少网民的共识。

微博始祖Twitter引领微革命

作为微博客的始祖，Twitter的出现打破了博客“一枝独秀”传播格局。

在最初阶段，这项服务只是用于向好友的手机发送文本信息。2007年底，Obvious对服务进行了升级，用户无需输入自己的手机号码，就可以通过即时信息服务和个性化Twitter网站接收和发送信息，如通过手机发送短信，使用QQ、MSN记录心情或直接登录网站，表达内心感受。

如果说Facebook是web2.0时代的一匹黑马，那么毋庸置疑，Twitter就是黑马中的黑马，就连Facebook的CEO都说，Twitter的飞速发展令他们措手不及。这个成立于2006年的微博客网站，初创伊始普遍被人们当成一个Geek（极客）的玩具，但到了2008年却像填充进火箭燃料般，发展速度曾高达每年1382%，已逐渐成为用户超过千万的大众工具，如今已是估值达10亿美元的耀眼巨星。

流行乐天王迈克尔·杰克逊的死讯让Twitter再次风光。在他死讯出来后一个小时，Twitter最高峰时冒出了6.5万条新留言，平均每分钟高达5000条。这是自奥巴马当选总统之后Twitter最风光的一次。

Twitter等微博产品所带来的，不仅仅是互联网的新形态，也是媒体传播的新格局。它们以外包式的新闻聚合每一个微小的个体，由“微信息”和“微交流”共同推动“微革命”。

微博元年 国内一超多强的竞争格局

2010年，被称之为互联网的“微博元年”。以新浪微博为领军的中文微型博客平台异军突起，腾讯、搜狐、网易等门户网站也相继开发推出了自己的微博平台，从而造成了“一超多强”的分割局面。

但中国微博客的发展速度远不如美国，据不完全统计，国内微博客网站已有十几家。从校内网起家的王兴就在2007年建立了饭否网，2009年上半年，“饭否”的用户数从年初的30万左右激增到100万。同时，“饭否”迎来了众多文化名人的光临，国内众知名媒体纷纷开辟“饭否”官方账号。在媒体报道中，“饭否”一度被树立为中国微博客的标杆。然而，从2009年7月7日晚11时开始，“饭否”无止境“被维护”。之后叽歪网、嘀咕网、腾讯滔滔、同学网纷纷加入微博客阵营，就连淘宝网也按捺不住在“淘宝江湖”加上“叽歪”的版块，方便淘友们“随时随地表达心情，即时通知我的好友”。然而，这类微博客们大多直接复制Twitter页面，没有开发出新的模式来适应国内用户的习惯，更没有很好地进行客户定位，在短期内纷纷“阵亡”或落入“苟延残喘”之地。

2009年7月，饭否、叽歪等中国市场最早的微博产品相继停止运营，一些新产品开始进入人们的视野。同年8月，新浪启动微博测试，成为国内最早推出微博服务的门户网站，2010年以来，搜狐、腾讯、网易相继推出微博产品。

目前，国内微博市场最主要的10款产品，包括新浪微博、百度i贴吧、搜狐微博、网易微博、腾讯微博、做啥网、嘀咕网、同学网、9911微博客、Follow5。此外，包括新华网、人民网、凤凰网以及和讯财经等多家网站也推出了自己的微博产品。

随着门户网站新浪的强势介入后，微博才逐渐走向大众视野。应该说，新浪微博是中国第一个真正意义上的用户规模过百万的微博。无论是在知名度、使用率、首选率、满意度、用户粘性、权威性、吸引力、月度覆盖人数、月度总访问次数、月度总浏览时间这十项指标上实现了超前领先，占据绝对领军之位。

自公测以来，新浪微博逐渐成长为一个具备巨大影响力的社会化媒体平台。过去一年中，新浪微博的最大价值，体现在不断地改变人们的生活方式、信息传播方式以及营销方式。典型例子为超七成网友世界杯期间钟爱织围脖；新浪微博打造舟曲灾情直播第一平台；蔡文胜送ipad换来知名度。

新浪开启微革命

新浪并不是国内“微博”的第一批试水者，但是在饭否等微博网站成为“先烈”的微妙环境下，新浪赢得了一个重大的机会。“围脖”这个温馨的称呼似乎能反映出网友对于新浪微博的喜爱和拥护之情。那么，在已有前车之鉴的情况下，新浪为什么敢为此一搏呢？

概括来讲，创办“新浪围脖”的动因有三：第一，SNS网站气势如日中天；第二，取长补短。众所周知，新浪用户社区的互动性和草根性比腾讯网、同学网等明显居于下风，而微博客带来的互动性，正是新浪增强竞争优势所急需的；第三，门户竞争所致，新浪与搜狐的第一门户之争从未消歇过，在搜狐切入SNS领域后，摆在新浪面前的选择是，要么随波逐流，要么另辟蹊径。结合自身具体情况及外界影响力使得新浪很难对搜狐亦步亦趋，因此，微博客雀屏中选。

从新浪微博的发展历程来看，微博创办至今可划分为三个阶段：

第一阶段：内测期，饥饿式营销抢占关注度。内测推广期，新浪除向内部员工发放注册码外，还向一线艺人与行业精英发放微博内测邀请码。每位接收到邀请号码的人开通微博之后，可以再邀请另外20位好友注册。限额邀请机制和邀请人奖励机制，大大地刺激了用户的兴趣，形成“一号难求”的现象，引起大量网民的高度关注。

第二阶段：公测期，用户呈几何倍数增长。而在公测阶段，新浪解除了对用户注册申请的限制。此时，内测期已开始写微博的名人，其存在的本身就蕴涵着巨大的广告价值，能和“明星零距离接触”，随时关注到明星的最新动态，满足了许多草根阶层对明星生活的“窥私欲”。同时，大量的用户涌入，同城、同校网络的建立，让用户感受到群落的力量，一些草根明星和意见领袖也成为关注对象。

第三阶段：巩固发展期，名人引导舆论。在重大事件发生的期间，少数名人做到了舆论引导和宣传号召的作用。例如，今年3月份西南大旱之时，包括梁咏琪、姚晨等明星，通过微博号召大家为灾区捐款，方式是代表每一位加关注的粉丝，捐出一角钱，而关注总数量将作为最终的捐款数额，款项则通过中国红十字基金会捐至灾区。其实，这种方式既提升明星的关注度，又切实起到了促进慈善公益事业的目的，可谓是双赢的代表。

毋庸置疑，新浪微博稳坐“一哥”之位，分析其成功之道更显意义深远，那么它是如何在避免第一批试水者的阵亡中走向辉煌，并能在门户网站竞争中脱颖而出？从战略层面上看，新浪主要采取了以下本土化的创新营销：

第一，创新先行，打造人性化服务。新浪推出微博，善于结合国内互联网特征，创新地进行产品突破。

（1）绑定SNS社交网站开心网。此举一方面将开心网的用户吸引到微博上来，弥补其在SNS领域的不足，另一方面使开心网继续保持活力，同时把部分游离用户转移到新浪微博平台。新浪的巧妙之处，是与开心网之间的信息传输暂时还是单向的，也就是说新浪微博的内容能同步到开心网，而开心网的内容暂不能同步到新浪微博。

（2）结合国内网民喜好，打造多媒体微博。中国的网民，爱好分享图片、视频、音乐；中国的网络，包括手机网络，都已经非常适应多媒体内容的传播。与Twitter不同（Twitter发布3年多来，既不支持图片上传，也不支持视频、音乐等多媒体），新浪微博在发布伊始就非常重视多媒体内容的引进，打破Twitter的局限性。新浪微博支持图片上传，之后又联合优酷、酷6、土豆等视频网站发布视频微博，更有利于消费者表达自我。在图片、视频的基础上，新浪微博在2010年2月更进一步发布音乐微博，并联合新浪乐库供给了大批正版音乐，便于消费者轻松分享。可以说，中国用户的特点决定了中国互联网做什么产品都不会纯粹，在这种运营风格下，新浪微博的媒体属性被自动放大。

（3）微博广场。新浪在参考Twitter消费者查看内容的两种途径作为基础，立足于新浪媒体系统，独创出微博广场。消费者可以随心浏览喜好的微博，如热门、转发/评论/参与/关注最多的微博等，让刚刚参加微博的消费者也可以迅速融入到微博的大家庭里。对于老用户，微博广场还精心筹备了有趣的“社会化推荐”，猜你爱好的话题、关注的消费者等，这是心理微博根据消费者的个人材料、人脉关系、发表的微博，为大家推荐相应的内容。

此外，新浪微博还创新性地增加诸如连通新闻评论和微博、标签说明、关注分组、“黑名单”功能、API（应用程序接口）等，以期让用户得到最大化舒适便捷的服务，增强用户粘性，提高品牌美誉度和忠诚度。

第二，名人效应、权威示范、草根精神三线合一。从目前新浪的定位来看，一直以传统媒体的方式发展门户，其博客通过名人聚焦了大量人气，新浪此次出品微博，复制其传统博客的经营路线，推行名人效应，在围脖内测初期，吸引了大量名人，而且很多名人已经把微博当成了自己的官方消息发布渠道，以此来套牢“粉丝”，这种策略谈不上创新，但是效果非常明显。无论是67岁的赵忠祥在新浪微博上发布随感，还是黄健翔、李开复的华人微博第一名之争，140个字的只言片语，拉近了明星与粉丝之间的距离，成为新浪微博的核心竞争力。微博的威力已在2010年经过许多事件得以证明：服务器宕机、金庸大侠因微博“被去世”、“学历门”、“索命书记”等。

至于权威示范，则可用实实在在的数据说话。截止2010年8月，媒体方面，共有466家主流新闻机构开通了新浪微博，其中包括118家报纸、243家杂志、36家电视台和69家电台。政府方面，有41家政府机构（不含公安系统）开通了新浪微博，通过微博及时发布信息。与此同时，国内公安微博的数量达到了60家，其中广东省公安系统集体开通了微博，形成了一个地区性的微博群。

并不能说新浪微博就是属于名人，属于政府机构的，在名人背后，更多的是草根，所以新浪并没有忽视这一强大群体。新浪CEO兼总裁曹国伟在围脖内测期间就表示“新浪微博应该是名人与关注他们的粉丝间的一个互动传播平台，同时也是草根与他们朋友间的一个传播沟通平台，两者缺一不可，两者相加才是完整的传播社区平台。这是两种不同的服务，但新浪可以同时兼顾两者的需求。”

以南非世界杯为例来显示新浪此三线合一的威力。在7月12日世界杯决赛上演的当天，新浪微博上的原创微博数高达1904369条，包括名人、权威机构、草根大众。此后，许多名人针对世界杯的评论被广泛转发；7月28日，新浪微博上的转帖微博数达到199964条，当天总共产生微博数随之增长到3619603条。在单场比赛2小时期间，新浪微博上的微博数一度突破了300万，峰值超过了3000条/秒。作为一个社会化媒体平台，每逢社会重大事件，新浪微博的发送量都会在短期内迅速增加，而且会持续一段时间。

第三，资源整合最大化。可以说新浪是凭借着强大运营能力及内容资源平台，并将自有的资源整合最大化，来推出“围脖”的。新浪微博目前已汇聚了1万家以上的合作网站，提供应用开发、连接和分享三个层面的合作模式。近日，新浪微博还将携手红杉资本、IDG资本、创新工场、云锋基金、德丰杰五大顶级投资机构，正式启动中国微博开发者创新基金，一期规模为2亿元人民币，这也是国内首个专门针对微博应用开发的基金。

此外，新浪还辅助以情感营销、口碑传播、网络病毒式传播，让其效果得以优化，巩固其强势之姿。

在2009年度《新周刊》新锐榜上，新浪微博获评年度传媒网站。《新周刊》在解释新浪微博获奖原因时表示，“新浪微博是极简化的言论平台和生活空间，媒体气质和个人趣味两者兼备，用140个字符构筑你的私人新闻频道和随身告示牌，在名人效应和草根精神中左右逢源，成为资讯时代的加速器。”

随着用户数不断增长，新浪微博每天都会产生海量信息。截至2010年7月，新浪微博产生的总微博数超过9000万，每天产生的微博数超过300万，平均每秒会有近40条微博产生。可见新浪本土化创新的微革命取得显著成效。

DCCI预计，微博未来不仅仅是新媒体平台，更是信息交互、应用分发、电子商务平台，把微博理解成为媒体是狭隘、短视的。

人际实时交互关系网络是微博逻辑的核心，这就使得微博未来不可避免与社区会有一战，战争的结果是微博、社区的互相渗透、互相拥抱、互相融合。微博与社区之间的进入、碰撞，既是主动又是被动的。对于优势不同的主体来说，这是一场时间赛跑，彼此都要利用对方不足打时间差。

新浪微博未来将会成为最有影响力和参与度的“源”，如果开放协作方面做得比较成功，新浪微博可以更进一步成为商业平台的母体（Matrix），大量的应用与商业模式将从这一平台衍生出来。

正因为如此众多的优势及美好的发展前景，各大企业开始在微博上纷纷试水。据不完全统计，戴尔在Twitter上的宣传促销已赚进650万美元，从产品研发到客户支持，各部门的员工，都被鼓励在网上亮明身份，这成为他们营销与沟通计划的一部分。而国内，早在内测阶段，新浪微博便引来不少企业用户注册，利用微博推广信息、增加销售。以VANCL为例，其丝袜上市三日内便创下几千条销售业迹，这与微博的病毒式推广分不开。其他如欧莱雅、东航等企业都注册了帐户，借助平台传播产品及商业信息，以及进行疑难解答以此树立形象。如所有符合东航形象和服务质量的空姐，在微博上均用真实姓名前冠以“凌燕”为统一形象，打造品牌的知名度和美誉度。

但纵观各大企业的微博营销，缺乏能充分发挥微博效用、艳压群芳的出色案例上演，希望2011年，乘着微博迅猛发展的东风，企业的微博营销能够真正地大放异彩！

附录：2010年新浪微博大事记

1月：@谷歌宣布退出中国大陆：消息在新浪微博上迅速传开，许多人利用微博组织前往谷歌中国大陆总部献花，在微博上传播各类小道消息。不管怎样，谷歌最终撤往香港，一度无法访问谷歌。关于#谷歌#有302009条微博。

2月：@“犀利哥”风靡网络：微博的传播迅速引起传统媒体注意，流传甚广的微博足以证明——“欧美粗线条搭配中有着日范儿的细腻，绝对日本混搭风格，绝对不输藤原浩之流。发型是日本最流行的牛郎发型。外着中古店淘来的二手衣服搭配LV最新款的纸袋。绝对谙熟混搭之道。从视觉色彩搭配上讲，腰带绝对是画龙点睛之笔。然而这根腰带绝非那些上班族小白领所能承受得起的。”一周后，“犀利哥”被证实为流浪在宁波市繁华街头的一位有精神障碍的乞丐，本名程国荣。后被亲属寻获。关于#犀利哥#有160699条微博。

3月：@山西疫苗案：3月17日，知名记者王克勤在新浪博客上发布《山西疫苗乱象调查》系列，并在微博上公布多方证据、调查实录和注射疫苗的孩子家长求助实情，将国内疫苗市场的混乱等情况公诸于众，引发对于疫苗安全的大讨论。关于#山西疫苗#有22344条微博。

@南平杀童事件：3月23日，福建南平实验小学门口，郑民生连砍13名小学生，其中9人死亡，4人受伤，此后数月内地多有仿效。微博对此事掀起了前所未有的大讨论，我国中小学校疏于安全保护的现状得以暴露于天下，并对其中隐藏的社会成因做出剖析。政府随后紧急加强了学校安保。由于各种原因所限，目前杀童事件的相关微博搜索已几乎不可见，条数多少，尚未可知。

@王家岭矿难：3月28日，王家岭矿井发生透水事故。153人被困井下，微博随后掀起了对此事的大讨论，直播了救援全过程，并与国外救援情况做出对比。有效梳理了各方信息，对每一个独立的生命，都给予十足的敬意。关于#王家岭#有17068条微博。

4月：@iPad正式发售：4月3日，苹果平板电脑iPad正式于美国发售。这是2010年最广为人知的科技创新。关于iPad将彻底颠覆科技互联网行业、传统媒体行业甚至人类思考世界方式的讨论络绎不绝。关于#iPad#有1211920条微博。

@玉树地震：继2008年的汶川地震后，玉树再一次牵动了全中国的心。这也许也是第一次，中国平面媒体借助微博，得以把消息从闭塞偏远、信号不够通畅的灾区，广为传播。许多媒体在这一次的地震里，初尝微博传播的威力。关于#玉树#有637546条微博。

5月：@世博会开幕：5月1日，上海世博会正式开始。无论人们喜欢与否，这都成为了中国2010年的关键词之一。许多人在这儿完成了自己心目中触摸世界的梦想。6个月里，世博会始终是新浪微博的热点话题之一。关于#世博会#有392632条微博。

6月：@世界杯揭幕：4年一次的世界杯永远都能成为热点。这一次，因为有微博，通宵看球的人多了一个交流和宣泄的渠道。关于#世界杯#有2688845条微博。

7月：@南京化工厂爆炸：爆炸之后，网友“北京厨子”在新浪微博上利用Google地图和官方资料，绘制出南京栖霞区化工厂与居民区分布地图，这令许多人惊觉，化工厂原来离我们如此之近。由于各种原因所限，目前化工厂爆炸事件的相关微博搜索只剩1000余条。

@唐骏与禹晋永造假门：方舟子、王小山等知名网友在微博上根据网络相关搜索及求证，证明唐骏获得博士学位的“西太平洋大学”是野鸡大学。而他的校友禹晋永还涉嫌土地证造假。据说，中国很多名人都悄悄地修改了自己的相关资料。关于#唐骏#有156255条微博，关于#禹晋永#有46577条微博。

8月：@菲律宾人质事件：菲律宾警察的无能与低效，令人震惊。香港市民出门旅游却惨遭劫掠，痛失生命，也让人们的不安全感再次增强。菲律宾政府处理本次事件的态度，也让所有国人愤怒。关于#菲律宾警察#有84681条微博。

@舟曲泥石流：甘肃舟曲泥石流事件一如既往地令人揪心，吸取玉树经验，这一次，在舟曲直播的媒体，传出的呼救和帮助讯息更多，也更有效，有一个家在舟曲的大学生用手机持续直播灾情，引起关注。关于#舟曲#有487079条微博。

9月：@宜黄血拆事件：9月10日，在江西抚州市宜黄县凤岗镇，31岁的女儿钟如琴、59岁的母亲罗志凤、79岁高龄的大伯叶忠诚为保卫自己的家园不被强拆，以自焚抗争。此后，钟家女儿钟如九多番寻求媒体帮助，当地政府却百般阻挠。为了保障钟家合法权益，拯救钟家幸存者的生命，网友在微博上开展了救援与爱心接力活动。先是借助微博的多方传播，使当地政府有所收敛，再是通过微博令钟家得到了国内一流的烧伤科大夫的救助。这是今年新浪微博上最广为人知的公众事件。

10月：@国庆61周年：国庆61周年相对简单低调。但这无损人们热切讨论的热情。关于#国庆#有1402510条微博。

11月：@苍井空登陆新浪微博：11月11日，日本女优苍井空登陆新浪微博，此后每条微博转发评论数都过千，被网友称为“德艺双馨的人民艺术家”。截至目前，她共有粉丝728312人。

@亚运会：广州召开亚运会，这也是今年我国第二次召开盛会。围绕盛会的发展之路，先后在北上广3个城市上演，紧接着还有深圳的大运会、南京的青奥会。大会之下，孰是孰非。在传统媒体之外，微博展现了一个不一样的中国。关于#亚运会#有723151条微博。

@上海火灾：无数人用手机和相机记录下上海火灾的情况，并第一时间上传微博。人们几乎是眼睁睁地看着这栋楼烧成灰烬，却无能为力。痛苦触手可及，城市高楼安全问题引起人们高度关注。而上海人民自发前去献花，更是对生命的最大尊重。关于#上海火灾#有36984条微博。

@厦门警方求助微博破案：11月23日，厦门警方在微博上发布了一条“悬赏寻尸 全城通缉”的消息：“11月14日，随着退潮，一具女童的尸体被冲上高崎附近海滩，最后‘陪伴’她的只有一身破旧的衣裤和一个编织袋，她身上伤痕累累，生前受尽虐待，死后才被投入大海。犯罪手段令人发指，罪犯必将得到严惩。湖里警方悬赏5000元征集线索，相信网友的力量，您知道任何线索，请告诉我们！”截至11月29日晚，厦门警方收到了网友评论3000余条，转发1万余条，为警方提供线索100余条。最终案子成功告破。关于#厦门警方在线#有4262条微博。

12月：@新疆、四川渠县官办智障奴工基地黑幕：《凤凰周刊》记者邓飞12月19日晚在微博上发布消息，称有人在四川渠县官方救助站创立、经营奴工基地，在收容遣送制度废除之后，仍然从外地运送和扣押流浪、智障人员强制劳动和输出劳务。消息传出后引起各方关注。罪恶的利益链条令所有善良人愤怒。关于#奴工#有2258条微博。

@记者被通缉案再起波澜：7月，《经济观察报》记者仇子明称自己因为报道凯恩股份关联交易内幕遭到全国通缉，在微博上求助，引起巨大反响，最终警方撤销对其指控。但12月，王小山为仇子明颁发自己所办的年度新闻奖最佳记者时，却受到全国多家知名媒体从业记者的一致抨击，称手中有证据证明仇子明和其供职的《经济观察报》确实从中受惠。仇子明与《经济观察报》严词否认。双方在微博上激烈辩论，将所有证据都铺陈于微博上，供众人评判。关于#仇子明#有23937条微博。

借《老男孩》品牌植入 雪佛兰焕发青春活力

10月28日开始在网络上热播的视频短片《老男孩》，叙述了一对中学的好朋友在人近中年的时候，组合成乐队“筷子兄弟”参加“欢乐男生”的选秀节目，因为一首歌让他们回到青春、回到过去，这首感人的“老男孩”主题曲同时也感动了所有的观众。“青春”、“梦想”引发80后们怀旧情绪集体爆发，“泪流满面”成为使用频率最高的观影感受。

《老男孩》实现“三赢”营销

中国电影集团联手优酷网共同出品，雪佛兰科鲁兹全程支持，汇集最鲜活的青春奋斗力量，决心打造“11度青春电影”行动。据悉，这部《11度青春》（10+1模式，其中10为短片，1为即将投资的长片）是中国互联网历史上第一部顶级专业制作的同主题系列短片电影。加盟的11位新锐导演将围绕“80后的青春”这一统一主题，各自创作一部短片，题材涉及穿越、迷幻、爱情等丰富内容。在系列短片之后，还将会有同主题长篇电影登陆院线。网络短片加电影的创意、制作、发行模式，在我国制片史上尚属首次，影响深远。

今年初，“筷子组合”被“11度青春系列”看上，负责该项目的优酷副总裁潘沁表示，当初选择10位年轻导演考虑过多元化，尹丽川是刚拍电影的新人、张亚东是从未拍过电影、而肖央则是在网络上走红，而且剧本也很符合时下的怀旧情绪，因此《老男孩》还没拍完，投资方就充满期待，成品出来后更是让人惊喜，于是优酷便将《老男孩》安排压轴上线。

《老男孩》以“病毒式”传播速度席卷整个网络，这部以草根、怀旧、青春、人生、爱情、友情等为基调的“电影”让众多网友直言“飙泪”、“泪流满面”。自短片上线后，第一天得到了30万的点击，第二天上升到70万，此后每天保持着80万的增长速度，目前已超过了710万的点击、330万的转发量，观看数粗略估计有望逼近1000万人次。截至12月25日，该片仅在优酷视频网的官方播放次数就已近5962万次。在百度搜索引擎中输入“老男孩”，找到相关网页约9960000篇，而它所属的“11度青春电影”系列更是随之急剧升温。

和前面9部不同，该片不仅片长达到43分钟，而且影响力也大大提高。《老男孩》故事并非惊世骇俗，演员也几乎全是业余，但片中对青春的缅怀，加上片尾现实和理想的距离，触动了很多已步入中年、正面临人生重要阶段70后、80后的内心。在豆瓣网上，这部短片评分高达9.1，而微博、开心网上的争相转载也让短片影响力似乎超越了“11度青春系列”本身。

《老男孩》不仅引起人们对青春的缅怀，对模糊梦想的追忆，更引起人们对雪佛兰的关注。

不管是雪佛兰品牌的植入式营销及事件营销，还是短片的病毒式传播，《老男孩》可谓是取得“三赢”的绝佳效果。作为制作方的中国电影集团，挖掘出一批新生导演及新的电影营销模式，可持续的竞争力得到良好的助力；作为该片的官方视频网站，为优酷网提高了视频内容水准，使其网站宣传及差异化优势皆得到很好的强化；作为赞助商的雪佛兰，其品牌精神及2011款科鲁兹的新车型推广都得到了很好的传播，这是即使请来福特科波拉或斯皮尔伯格拍摄一部商业广告片，都不能达到如此主动传播的效果，实现真正的“低成本办大事”。

雪佛兰　美国汽车老品牌在中国“回春”

雪佛兰是通用汽车全球知名汽车品牌之一，90多年来，一直以生产安全可靠的汽车产品享誉业界。而科鲁兹是其2009年出品的一款紧凑型轿车，综合了非常先进的科技，油耗较低，各项性能在A级车中处于领先位置，上市后取得了不错的销量。目前有1.6及1.8两种排量共6种车型。其阳刚动感的外形和年轻时尚的内饰吸引一大批80后的年轻奋斗者，它打造的是奋斗和进取，与当代奋斗中的年轻人共同成长的这样一个品牌形象。

而在今年，雪佛兰延续“青春”和“梦想”的主题，动作频频。6月举办专业培训和赛道演练课程，11月中旬车手训练营第二期如期开营，11月下旬推出雪佛兰全新品牌广告片《热爱我的热爱》。

雪佛兰科鲁兹近期一系列的营销活动都是以青春与梦想，奋斗与进取为主题的。无论是地面上的活动，梦想进入现实的华南赛车文化活动；还是天上的活动，科鲁兹的广告片“追逐游戏”；或者是网络上的活动，与中影、优酷携手合作的“11度青春短片”《老男孩》等等，它一直都向人们诠释它的品牌精神。

纵观短片《老男孩》，发现其表现出的精神和理念上与雪佛兰科鲁兹的定位十分契合。科鲁兹一直倡导奋斗和进取，是与当代奋斗中的年轻人共同成长的一个品牌。而《老男孩》表现出的是对梦想的奋斗和进取。这一契合将当代奋斗的年轻人与科鲁兹建立起一种情感纽带。也将雪佛兰科鲁兹的品牌精神再一次阐述。

具体说来，雪佛兰此次携手中国电影集团和优酷网共同打造“11度青春电影行动”，进行品牌植入营销，进行了三轮的有效传播。

第一轮，内生性传播。赞助片花、品牌植入、冠名网络电影“11度青春电影行动”，并在官网进行征集“我的奋斗故事”的活动，在城市类周刊、画报类平面媒体投放广告，推广“11度青春”系列。

第二轮，外延性传播。打造规模化的网络口碑，各大主流网站、社区网站的深度报道，微博、QQ、豆瓣口碑化平台的足够渗透，及与媒体深度合作，如和《南方人物周刊》合作专题，报道10个短片中的奋斗故事。

第三轮，边际性传播。通过豆瓣影评推荐、微博名人、开心网及QQ转载等形式的口碑传播，吸引报纸电视媒体的关注报道，吸引了更多的社会人群观看，使影响得以持续。

如此三轮有效传播后，对于雪佛兰在中国的“回春”作用明显。首先，通过这一系列有关青春与梦想的活动，可以吸引人们对雪佛兰品牌的关注，增强品牌的感染力和影响力，有助于建立良好的品牌形象，而且可以发展潜在顾客。其次，建立与年轻奋斗者的情感纽带，有利于品牌的长远发展。通过短片，为观众植入观念，很自然地将当下的消费主力80后“奋斗、进取”的精神与科鲁兹直接联系起来，达到良好的品牌联想。

如何进行有效的品牌植入营销

总而言之，雪佛兰此次携手中国电影集团和优酷网共同打造以《老男孩》为主要影响力的“11度青春电影行动”，通过在电影中植入了自己的产品，摸准中国当下年轻人的心态和文化，以精准表达其品牌诉求，让其品牌形象得到很好的强化，在消费主力军80后中得到良好的反响。归纳雪佛兰此次成功的植入营销，企业在进行品牌植入营销的过程中，应注意从以下三个方面进行努力：

第一，品牌植入的精髓在于品牌精神与消费者心态的完美契合。这也是雪佛兰最成功之处，它将科鲁兹奋斗、进取的品牌精神与《老男孩》进行自然的融合，符合当下80后的生活态度与人生追求，所以得到广大而深远的品牌记忆和认同。

第二，植入方式追求巧妙。用娱乐产品的形式巧妙融入客户的信息，融入的内容最好是剧情发展必须的，而非生硬结合。如短片《老男孩》中，参加选秀胜出的奖品包括奖金5万和一辆克鲁兹；短片《李雷与韩梅梅》中，小伙子说有钱也买辆科鲁兹，就很自然地将雪佛兰的产品信息露出，并能让观众进行品牌的记忆。

第三，有效的传播推广。雪佛兰此次品牌植入营销行动中，在系列短片的播放期间，整合网络WEB.1.0/2.0/3.0进行全方位传播，形成病毒式扩散传播，并注意结合已有资源引爆事件的关注度，如此一来，为雪佛兰带来更大的边际传播效应。

网络红人“审丑时代”的另类营销

2010年1月底，一个被称为“凤姐”的女人从江苏电视台《人间》栏目走进社会公众的视线，她以各种雷人囧语迅速走红；而在10月份国庆假期期间，一个出现在网友“蓉荣”帖子中的网络新人物——“小月月”，更是凭借帖主描述的各种怪异行为火速遭到网友火速膜拜，大有抢占“雷人女”第一称号的气势……在娱乐至死的精神下，中国的大众争议人物围观行为已经呈现愈演愈烈之势。

当然，争议名人并不是我们这里研究的对象，本文想要探讨的是，众多走红的大众争议人物他们背后潜在的商业价值，以及传统名人营销价值理念的转变，还有企业如何实际运用大众争议人物进行营销的思考。

成功案例——大众争议人物强悍的“注意力经济效应”

去年以来，成功利用大众争议人物营销取得良好效果的案例不胜枚举——今年8月，河南某胃药企业30万元邀请凤姐代言产品并拍摄广告，借此进行网络视频炒作吸引了许多眼球。前段时间凤姐又扬言代言魔兽，引起许多网民吐槽，百度上找到约4740000篇相关链接，也可能是游戏公司在进行炒作。国产《西游记》网络游戏则邀请“兽兽”翟凌代言，迅速带来了足足32万的注册用户，要知道这对于一个网游来说是非常了不起的成绩。之后兽兽担任北京车展酷6嘉宾主持，使酷6相关专题页面流量暴涨数倍，效果良好。而苍井空这一在中国传统意义上的问题明星，获邀出席久游网旗下《勇士OL》的发布会，获得了众网民追捧，《勇士OL》由此名声大震。

此外，智艺网络旗下《昆仑OL》的公测发布会也邀请了“厕所门”女一号闫凤娇出席，并邀请出演该网游《昆仑之穿越时空的爱恋》的镜像电影。连李宁旗下的时尚品牌LNG在6月份也利用其开展了一次“短线切入营销”，邀请其担任平面模特，在天涯、猫扑、西祠等各大论坛还是引起了轩然大波。据该店的客服表示，闫凤娇的确为网店带来了很大销量，卖到产品断货。而被称为“拜金女”的马诺也一直在为日本内衣B2C品牌“兰缪网”担当内衣模特，据说销售也很可观。

更值得一提的是耐克在老虎伍兹的性丑闻后的争议人物营销运用。伍兹今年4月在性丑闻后正式复出，耐克为此给老虎伍兹复出拍摄了一则广告助威：在这条朴实的长达33秒的黑白色广告中，伍兹站在球场上，耐克的商标在他黑色的帽子和球衫上闪现，伍兹严肃地直视镜头，没有说一句话，甚至都没有眨眼，而他父亲的声音从背景中传过来，“老虎，我很好奇，我想知道你的想法是什么，你的感受如何，你有没有学到什么东西？”伍兹一直没有讲话，结尾的耐克对号形的Logo似乎帮他做了回答。广告虽有争议，但调查显示大部分消费者支持这条广告，使得耐克品牌加了更多人性化的成分，可以说效果相当明显。

此外，还有美国游戏业巨头EA（艺电）也为老虎伍兹推出了趣味新广告，并同步推出新游戏；另有一家叫“博狗”的公司连续发了3次邀请向伍兹示好，甚至为其开出1亿美金的价码……一众案例，说明了“注意力经济”时代下，企业对大众争议人物资源的重视。

思路变化 —— 新媒体环境下传统名人营销观念“变异”

利用争议人物进行营销，这在传统的商业代言时代是不可想象的，就拿3年前来说，也基本举不出太多成功例子。

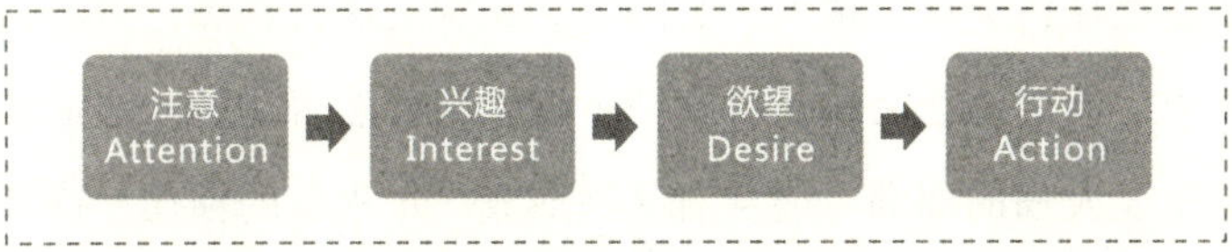

传统明星营销逻辑 —— AIDA

在传统的品牌传播思维下，企业、产品的代言人一般都是选择具有高知名度、美誉度的名人，利用消费者“爱屋及乌”心理，一是将名人的知名度连接在企业、品牌上，二是将消费者对明星的喜好转变成对品牌的喜好，以此影响消费者的消费购买决策。但是明星一旦发生负面、争议，明星就会被品牌剥离，避免其负面影响到消费者。例如凯特·摩丝曝出吸毒丑闻后，柏百利、香奈儿等国际大品牌纷纷与之解除广告合约，陈冠希爆出艳照门后LEE解除与陈冠希的代言。但是，这些在以往看来无可厚非的逻辑，在互联网作用越来越大的当今时代已不适用了。

据国外媒体日前发布的一项统计报告指出，互联网的使用在中国以惊人的速度增长。5年内，汉语将超过英语成为互联网上新的主宰语言。数据显示，21世纪前10年中，互联网上使用汉语的人数增长了1277.4%。去年，中国新增互联网用户3600万人，这意味着总用户超过4.4亿人，大约占总人口的32.6%。这些意味着什么？它意味着只要有百分之一的网民关注，就能有440万人次的品牌到达率。此外，目前报纸、电视等传统媒体也已经打通了与互联网的信息渠道，这些事件一旦在互联网上成为热点事件，就会在这些传统媒体上获得持续的热点播报。

在这种情况下，大众争议人物能够带来的知名度效应是惊人的。他们的出现，短期内必将聚集大量人气，他们的一言一行都会成为公众议论的中心，包括占据各大门户网站、BBS的热议中心，配合大量的图片、专题等，这些在如今眼球资源稀缺、信息碎片化的时代对企业们是极具吸引力的，只要能抓住机会得以融入，必能够让品牌迅速占领舆论中心，进行产品利益诉求。而传统意义的名人营销手段、路径能否达到？这显然是不能的。虽然争议人物的捆绑可能会对品牌形成一定程度的损伤，或者引起消费者反感，但在操作得当前提下，这种损伤还是能够避免的，毕竟，“高关注度”才是当前营销界的核心资源。而且，对于数量众多的品牌知名度不高的中小企业而言，知名度提升才是他们打市场面临的第一大难题（非明星的争议人物费用相对较低也是吸引中小企业进行营销的重要因素）。

所以，利用大众争议人物进行营销对当前许多企业具有极大的吸引力，而且会成为一种趋势。

直效打法——争议人物价值“变现”

根据目前来说，争议人物的代表营销手法可以分成以下三种——

一、代言、品牌广告：直接邀请他们参与塑造品牌的形象，这是最为直接、也最为深入的措施。例如前文说到的《西游记》网络游戏邀请翟凌代言，凤姐代言河南某胃药，犀利哥代言广东顺德长鹿农庄等迅速成为互联网话题点，得到大范围的网络传播、大量网民的热议，电媒、网媒等传统渠道通常也给予了一定程度关注。当然，如果没有长远的推广规划（例如作为事件营销操作主角体现，在渠道标识、各种消费者活动上给予深入体现等），而且推广力度偏小，仅限于代言一事炒作的话，往往只能成为一个短期热点，得不到持续发挥的话题效应。而且代言的操作、沟通的周期相对较长，与品牌的关联深，操作杀伤力较大，对于成熟品牌、国际品牌、严肃品牌等不建议采用，而中小品牌、年轻人品牌则可考虑操作。

二、活动出席：只作为战术动作，邀请争议人物出席厂商的媒体活动、消费者活动，包括担任嘉宾、主持等。这种操作能够活跃现场效果，也便于场外开展造势传播，加强企业信息的渗透力，而且费用较代言低。《勇士OL》的发布会邀请苍井空出席、酷6邀请兽兽担任北京车展主持便是最好例子。此类操作影响范围较小，主要依赖于场外传播的效果。

三、担任模特：不发生代言，仅与争议人物发生简单关系，吸引网民围观。例如李宁LNG邀请闫凤娇拍摄平面广告，引起关注后迅速撤下，马诺担任“兰缪网”担当内衣模特等。此类操作费用低，非战略性深入合作回旋余地较大。

当然，以上三种只是基本的合作方式，企业希望能产生轰动的效用，如何有效地结合品牌、产品特性开展有效的话题传播、消费者互动才是成功关键。

后记——操作重点、风险提示

一、大众争议人物营销虽能有效吸引公众眼球，但操作不当、过火等容易引起公众反感，损伤品牌美誉度，比较适合中小品牌、知名度低的新品牌进行营销操作，此外目标群体为年轻人，商品性质非严肃、严谨化的行业，活力行业如网络、电子3C、快销等企业亦可适当进行此类营销（奶粉、金融等严肃的行业则不适合进行）。

二、合作要快速、越快效果越明显。争议人物往往具有很强的时效性，新的热点的出现，旧的风头立马消殆，因此必须在最短时间内达成合作，推出事件并且进行信息传播。

三、在整合营销传播的过程中，争议人物营销仅用于“引起关注”的层面，美誉度的提升必须有其他手法配合提升。

四、违反道德、触犯法律的争议人物企业坚决不可采用。

五、企业必须做足够的风险评估、危机预案。

当红争议人物资源一览表

类　型	资　源	费用预估
一线争议明星	张馨予、张柏芝、陈冠希、苍井空、阿娇、郭德纲	出场费约10万—200万 代言费约50万—200万/年
二三线争议明星	刘芮伊、邵雨涵、兰显丽、杨涵、俞夏、薛璐、马伊娜、张如意、孙雅莉、犀利姐、袁媛、邵小珊	出场费5千—5万 代言费约5万—50万/年
一线争议红人	芙蓉姐姐、凤姐、兽兽、刘著、闫凤娇	出场费约8万—30万 代言费5万—70万/年
二三线争议红人	犀利哥、马诺、程琳、曾欣、网络小胖、范美忠、江南哥、木子美、旗袍姐姐、林家小妹、失控姐、蛋糕哥、尹小艳、孙倩倩、钢管姐、高数哥、雅阁女、兰董姐姐	出场费约3千—3万 代言费约5万/年

备注：数据来源于各大明星经济资源网站，仅为参考。

财经公关+

Financial Public Relations

中国企业舆论环境研究

RESEARCH ON PUBLIC OPINION OF CHINESE ENTERPRISE

构筑投资者的信心

财经公关，是指上市公司为了寻求和维护其在资本市场投资者和那些对投资者有重要影响的人士心目中的特定形象和价值定位，而展开的一系列设计、展示、推介、解释和沟通等公关推广活动，从而增强投资者的持股信心，使其股票价格和上市公司真实价值相匹配。从近几年的情况来看，中国的资本市场经历了一轮又一轮惊心动魄的起伏跌荡，投资者信心的起伏不定使得许多上市公司经受着喜与悲的折磨，如何在不确定性因素中更好地构筑投资者的信心，是企业非常关心的问题。

一、应重视财经公关领域意见领袖的作用

Web 2.0时代，网络水军对舆论的引导作用彰显。但不可否认的是，在财经公关领域，网络水军这只非正规军的影响力远远无法企及“知名人士”。

以陈黄事件为例，陈黄之争的网络舆论有多个层面：最上层是高级意见领袖及媒体观点，中层是小股民和散户，下层才是旁观的网民。黄光裕方面的操作，大多从民族情结、创业家情结来说，这可能对旁观者以及无利害关系者有影响，但对小股东没有杀伤力。陈晓则通过一些有名的机构意见领袖，利用名人和机构的影响力为自己壮大声势。

二、巧借公关事件进行资本升值运作

巧妙借助公关事件带来的关注度与投资者期望值，精确规划事件结点，可能为公司资本带来意想不到的利好刺激。

腾中“落马”记，可谓是一场“胜利”的败局。腾中的母公司为四川华拓公司，而四川华拓公司则是香港上市公司旭光资源的前身。腾中收购悍马的消息曝光后，旭光资源随即受到了利好刺激。这只股票于2009年6月11日在港交所上市，几乎与发布收购悍马的时间相互配合。数据显示，旭光资源上市4个月后，股价从2港元攀升到了3港元。收购即将成功的消息一直支撑着股票到了3.9港元。由于收购悍马失败，业内普遍判断2月25日开盘交易的旭光资源的股价将会一路下探，但事实却让人目瞪口呆该日上午，旭光资源股价涨幅曾一度超过7%，截至当日收盘，全天最终涨幅为1.4%。

悍马的收购从一开始就与政策信息相左，更像是一场精心策划、布局的财经公关事件，而借机进行一系列资本升值运作，也许才是其屡次顶住各方压力推动悍马收购的真正目的。

三、在财经领域扭曲企业价值观导致的危机与风险

扭曲管理价值观体现为管理者只重视短期经济效益，而忽视更广泛的社会效益以及股东和投资者的利益。

在360和腾讯的对决中，双方过分关注于当前各自软件的市场份额和发展空间，而忽略了由此引发的用户体验和忠诚度以及投资者信心的下降。资本市场比舆论战场更加脆弱，企业价值观与风险预判机制直接反映出企业的管理能力，而对于企业管理能力的质疑，必将对投资者信心造成不良影响。3Q大战对资本市场造成了巨大的撼动，在账面上看腾讯控股在港股市场收报181.3港元，股价下跌3.1%，成为当日表现最差的蓝筹股。

每一个互联网用户的心中都有一杆秤。剥去争斗双方华丽的语言外衣，利益之争的本质属性一览无遗。3Q大战双方冒进的做法背后，反映出双方企业管理价值的扭曲。

点评专家:

梁启春，TCL集团品牌管理中心总经理、新闻发言人。中国品牌经理人协会副会长、中国国际公共关系协会理事、中国企业社会责任同盟理事。

国美控股权之争舆论战全剖析

国美控制权之争犹如超级商业大片，角色复杂，充满火药，步步玄机，已分不清楚忠诚与背叛，警察与盗匪，正义与邪恶；又如一次中国企业商业进化史上的典型案例，折射出民营企业蜕变为公众公司之后的种种矛盾，创始者和管理团队，大股东和小股东，老板和职业经理人各种利益的纠结。

本文无意从战略及管理的角度审视这个案例给我们的启示，而是从公关舆论战视角揭开“这只看不见的手”在这场战争中扮演的重要角色。

这场变化莫测、盘根错节的商战中，我们至少可以看到三条线索——司法战、资本战和舆论战。资本战是这场战役的焦点，也是双方争夺的核心。司法战是这场战役的左翼，会不断影响着资本战的进程，而舆论战是这场战役的右翼，但产生的势能却足以影响战局成败。

黄光裕和陈晓都深谙舆论造势之道。因此，这场看似应该低调的企业内部的明争暗斗，却被无限的放大到镁光灯下，甚至每一个细节都被媒体或揣测，或津津乐道。

舆论诉求　情理法缺一不可

从情上看，黄光裕占据优势，打出的忠诚牌和民族牌如催泪弹一样，赢得了无数网民们的同情，虽然陈晓的回应很坚决，强调国美的身份早已经是一家外资企业，而自己也曾在国美危难时期不惜赌上全身家当来换取投资者对国美的信任，但这些在中国的忠义文化面前不堪一击，陈晓已被大多数网民贴上“窃贼”的标签。

从法上看，黄光裕也不落下风。陈晓的第一张牌就是国美起诉黄光裕并索赔，但二十五天后，黄光裕案二审其妻杜鹃改判缓刑当庭释放的结果将压力重新传导到陈晓，给予陈晓阵营有力一击。尽管二审对杜鹃的改判令人觉得不可思议，但可以肯定的是，舆论对企业创始人际遇的同情，并适当给予公平机会的呼声在某种程度上对判决产生了微妙影响。

从理上看，陈晓略占上风，国美“是谁的”固然重要，但谁能给国美一个更好的未来更重要。陈黄两人的战略路线是迥异的，一个奉行市场占有率第一，全面领先的策略；一个奉行利润导向，精细化管理的策略。至少，管理层召开的业绩发布会拿出的漂亮中报业绩在某种意义上是对其战略正确性的有利注脚，而投资者从表面上看，对陈晓的战略思路及结果是持认同态度。但黄光裕对业绩的回应迅速而尖锐，严密而精确的数据分析让本应为管理者加分的业绩牌失色不少。

相对娃哈哈此前在达哈之争中舆论战表现，陈黄两人可谓是专业级选手对抗。几年前达哈之争中，娃哈哈坚决奉行情感路线，主打民族牌，可说是悲情公关。一开始娃哈哈占据优势，舆论一边性压倒。然而，随着时间推移，在达能法理战术贯彻下，舆论开始中立，并逐渐形成对达能有利的舆论氛围。

这反映了传播学的一个规律，在双方争夺对一个议题的舆论话语权时，一开始舆论会倾向于情，而后偏向于理，最后倒向于法。因此博弈双方如果自始至终只打一张牌，输的可能性很大。而且出牌的秩序要符合公众的心理诉求，这样的组合才会胜算加大。

此次国美控制权之争，陈黄两人情理法三线并举，寸土不让，显示了对舆论战的驾驭能力，只不过前期黄光裕强调的是情理法，以情感为主，理法为辅；而陈晓强调的是法理情，以法理为主，情为辅。当舆论争夺战进入后期时，黄光裕除了强调情之外，在理上要加强出牌；而陈晓同样如此，除了继续强调理之外，在情方面不要无所作为。

舆论交锋　步步为营

战略上的局既然是难分高下，战术上的设定成为关键。如果将9月28日设定为决战时间点的话，这场纵横交错的舆论大战可以分为五个阶段。

第一幕：开局——短兵相接

8月5日，国美向香港高院针对黄光裕回购公司股份中被指称的违反公司董事的信托责任及信任的行为（统称“违反行为”)正式起诉，掀起了这轮大战的开端。黄光裕第二日凌晨发表声明迅速回应，谴责对此事毫不知晓，并要求重组董事局。双方一交手就短兵相接，更多在事实层面，并未就此展开论战。

第二幕：双方代言人隔空发炮

在短暂沉默之后，双方分别透过传媒“发炮”。

8月10日，大股东黄光裕二妹黄燕虹开腔，提出重组董事局是因为“看到陈晓为私欲改变国美发展方向”；陈晓则反指黄光裕“一些举动没有顾及国美死活，只是为争取董事局控制权”。

8月12日，国美电器四位副总裁李俊涛、孙一丁、牟贵先、何阳青，及首席财务官方巍，5位黄光裕时代的元老公开宣示：要与董事局主席陈晓及现有的管理团队共进退。

双方交手之后，各自代言人出场，相对而言，陈晓这张牌更高明，阵营更职业化，更强大，通过董事会高管一致发言，同进同退，将黄光裕陈晓个人矛盾转化为大股东和国美董事会的矛盾，转化为个人私欲和公司利益的矛盾。

第三幕：情理交锋　互有胜负

8月18日，黄光裕打出了迄今为止最为犀利的一张牌，通过新浪独家发布致员工的公开信，在这封名为《为了我们国美更好的明天》的信中，对陈晓个人进行了道义上的严厉批判。一方面指责陈晓有负重托，不顾国美的任何历史和感情，不顾一切地推行“去黄光裕化”。另一方面指责陈晓企图将“国美电器”变成“美国电器”。在以民族和忠诚大义为基调的攻势下，不失时机的点明陈晓以精细化管理为主导策略的错误性。

“疾风知劲草，危难显忠诚”，这种具有煽动性的话语，在中国传统忠义文化的大旗下，迅速成为网络上的热点，使得网民群情激昂，大有倒陈之势。

黄光裕的策略是，打情感牌，切割陈晓本人和国美董事会，用“忠义”二字反击陈晓，并以网络作为主战场，大多数网民态度倾向黄光裕。

相对黄光裕的精心准备，陈晓在这回合的交锋上明显准备不足，时隔三天才发出公开信进行回应，时间的延迟性使网络舆论的引导彻底失去控制权，极为被动。

不过其后的公开信，陈晓阵营挽回了一些面子，不仅驳斥了“美国电器论”，且站在理性层面，将这个事件的意义拔高，称国美高管在情、理、法之间所做的选择将会成为推动中国家族式企业向公众型企业转变的一个典型案例。

在理性思维的主导下，陈晓阵营也打出了迄今为止最具冲击力的一张牌——业绩牌，8月23日，国美在香港召开新闻发布会，发布半年度业绩报告。陈晓阵营采取了多新闻发言人的策略——陈晓给国美事件定性，称不是陈黄之争，而是黄光裕想控制国美；总裁王俊洲做规划，对五年业绩进行展望，预计2014年底新开700家门店。财务代理首席财务官方巍摆数据，指中期业绩创2008年以来最好纪录；贝恩资本竺稼澄清关系，强调不会是国美电器永远的持股人，有退出机制。这一记重拳下去，基本上扭转了局势。

黄光裕一天后迅速回击，尖锐指出中报四大问题，认为国美竞争优势丧失，并以详尽而有力的数据进行了解读，由感性转向理性的诉求使得业绩牌大打折扣。

8月30日，二审，杜鹃改判缓刑当庭释放的戏剧性结果让黄家由“没人差钱”一下子变成“有人有钱有背景”，黄光裕阵营似乎又取得了优势。

客观来说，这一轮交手下来，双方互有攻势，再次打成平手，战局进入了拉锯阶段。

第四幕：拉锯阶段的利益之争

决战前的20天可称为拉锯阶段。黄光裕已经打出了三张牌，威胁牌——若丧失控制权，非上市门店不并入上市公司资产；增持牌——先后斥资7亿港元增资股份；离间计——推出更大范围内的股权激励计划，瓦解貌似铁板一块的陈晓阵营。

而陈晓阵营不甘示弱，提出非上市门店负债论，并再次强化业绩牌，宣布国美电器进入大规模网络扩张计划；此外，手上还有两张有力的牌—— 债转股和增发在握。或许，有人认为，双方在政府和投资者层面的游说公关对战争胜负才是决定性的，但无可否认，舆论战本质就在于赢得信心，舆论将成为双方阵营强化信心和瓦解信心的扩音器，而舆论的走向将会影响到政府及投资者的决策心态，这也是双方在舆论战方面寸土不让的原因。

但双方在第四阶段的争夺中尽显疲态，有点迷失方向，已演变成对控制权赤裸裸的角斗。

第五幕：没有胜负的结局

经过前四大回合的精彩交锋，双方选择将决战时间设定在9月28日（中秋之后，国庆之前），由于舆论处于真空期，这将最大限度的减弱这个事件对国美企业的冲击性，这不失为幸事。可以看到，双方每个阶段的争夺寸土不让，步步为营，若一步应对不当，则很容易导致后面满盘皆输。

9月28日，晚上7点20分，国美电器总裁王俊洲在香港富豪大酒店公布了本次特别股东大会的投票结果，除了董事会一般授权被取消，黄光裕家族提出的其余四项决议均未获得通过。国美董事局主席兼执行董事陈晓依然留任，邹晓春、黄燕虹未能进入国美董事会成为执行董事。陈晓阵营的三项提议均获得通过，贝恩资本三名成员获得非执行董事留任。

舆论战的本质在于—— 赢得信心之战

国美的控制权之争，可以说是2010年最为精彩的一次舆论争夺战。在这次争夺战中，我们总结的经验是，在双方对垒时，要想获得胜利，就必须赢得信心，就要谨记情理法三线并举的重要性，切忌将争斗变成纯粹的利益之争。

舆论战的关键在于赢得信心。

信心一：谁能给国美一个更好的未来。在这点上，陈晓阵营通过业绩证言及职业化团队的素质取得了较大优势，而黄光裕阵营还只停留在反击层面，缺乏说服力，这是软肋。

要想扭转颓势，不能只是自己说，而要通过专家权威证言等方式阐述自己"七个第一、一个领先"战略规划的正确性，掀起一场规模化路线和精细化路线的大论战，并拿出实际的措施，阐明在重组董事局之后，国美是由一只强有力的，新的职业化团队操盘的，而不仅仅用黄光裕的亲信。而陈晓则要不断扩大优势，通过业绩不断强化自己战略规划的正确性，提出大规模网络扩张就是强化策略的体现。

信心二：谁是道义上的王者。黄光裕此前的情感攻势已令陈晓相当被动。要想在道义上不至完败，就要通过一些第三方人士，专家或评论家将议题转移，制造"从家族式企业管理到公众企业管理的蜕变；职业化和家族化谁更适合国美的发展；对个人效忠还是对企业效忠"的新议题，引发公众对这次事件的深层次思索。

而黄光裕阵营就要继续坚定不移的不断打出情感牌，除了股权激励之外，还可以通过离间计瓦解对方联盟，甚至策反对方某些中高层，并在适当时候采取悲情策略，以个体为样本，披露自己的心路历程，引发公众对中国企业家际遇的同情。

信心三：谁是资本利益上的赢家。目前来看，除了背后的神秘资本兵团没有亮相外，黄光裕的牌基本打尽，而陈晓阵营迟迟未打出的债转股及增发牌仍有足够震慑力。接下来，双方各自的利益结盟，阵营扩大和争夺尤为重要。

决战前的拉锯时期往往是最容易犯困的时候，双方之前的诸多策略都不能有效的贯彻下去。因此，陈黄阵营谁的头脑更清楚，谁的意志更坚定，谁更能一以贯之“情理法三线并举”的公关思路，谁就能最终赢得这场舆论战的胜利。

后记

相对9月28日前的舆论大战，后期双方的争夺没有那么精彩纷呈。

黄光裕终于意识到，创始股东通过控股上市公司而“呼风唤雨”的年代正在衰落，黄家“毕其功于一役”的策略开始改变。

对黄光裕而言，手中最具杀伤力的底牌是完全持有国美电器上市公司托管经营的370多家非上市门店，在不达利益宁可分拆国美“核威慑”面前，合则两利、分则双输。

当事双方坐下来于11月10日达成了《谅解备忘录》：国美电器在香港召开特别股东大会，“将许可的董事最高人数从11人增加至13人，委任邹晓春为执行董事，委任黄燕虹为非执行董事”三项议案只待落地。这与两个多月前的“9·28”特别股东大会形成鲜明比照。

进而，12月17日的表决成为一个形式，尽管黄家同贝恩投资的两大核心利益之争均被暂时搁置：陈晓何时离任，贝恩投资怎样退出。其实，这两大议题指向同一本质。作为当初力主为国美电器引入贝恩投资的决策人，陈晓的去留更多事关贝恩投资的利益能否在董事会层面得到保障，一旦竺稼准备好获利斩仓，陈晓去职可前可后 —— 在前是“信号弹”，在后是“善后人”。

360 vs.QQ　一场商业利益“博弈战”

腾讯，以IM软件——QQ发家，现已成为中国最大的互联网综合服务提供商，毋庸置疑的中国互联网龙头老大。奇虎360，国内杀毒软件市场占有率第一，专注于互联网安全领域服务。看似不相干的两大网络巨头，却制造了目前为止中国互联网史上跨时最长、影响最广的“口水战”。

9月27日360推出个人隐私保护工具“360隐私保护器”，目标直接瞄准QQ软件，360与腾讯在桌面客户端领域的冲突正式拉开帷幕。以“保护公众隐私、为网民着想”自称的360与以“反不正当竞争、关注QQ安全”自卫的腾讯展开了“弹窗大战”，战火无情地蔓延至用户桌面，而广大的互联网用户成为了战争中“被劫持”的人质。这场关于“网络霸权”的纷争，也是一场抢占客户端市场的商业利益之战。

战争时间轴

潜伏期

腾讯推“QQ医生”　染指安全领域

2010年1月春节期间，腾讯在二三线城市推其“QQ医生”软件。“QQ医生”具有查杀病毒、保护系统等功能，这些功能和360安全卫士非常相似。

2010年5月31日，腾讯发布QQ医生3.3升级版QQ电脑管家，包含云查杀木马、系统漏洞修补、实时防护、清理插件等多项安全防护功能。这与360安全卫士具有高度相似性，两者的直接竞争由此展开。

2010年9月22日，腾讯大力推广“QQ电脑管家”，一些QQ用户发现，其“QQ软件管理”、“QQ医生”自动升级为“QQ电脑管家”。这次升级行动，暴露了腾讯进军互联网安全领域的野心。事态并非周鸿祎所言“腾讯绝不会成为360的竞争对手，因为腾讯是一个娱乐公司，在安全方面，应该由一个很专业的公司更专注地去解决问题”，腾讯给了360当头一棒。

面对生存威胁　360快速反应

春节期间，针对QQ医生上线的突发事件，360紧急召回一些正在休假的员工以应对腾讯的威胁。在此次非正面的交锋中，360凭借其快速的反应，再加上QQ医生产品的不成熟，360阻击QQ医生取得成功。同时，正是腾讯力推QQ医生“打草惊蛇”，触动了敏感的360。360必须为自身的利益领域展开一场保卫战，而进攻就是最好的防御。这为后期双方大战埋下伏笔。

借“隐私保护”　360公开发难

2010年5月25日，有网友在其博客称腾讯QQ官方客户端会扫描用户的硬盘。虽不能确认是否为360网络公关操作，但这无疑成为360推出“隐私保护器”的线索点。

2010年7月，《计算机世界》刊登了一篇题为《“狗日的”腾讯》封面头条文章，文中把腾讯作为互联网公敌进行批判，将互联网商业竞争写成了不可调和的恩怨，引起了业界的共鸣与强烈的反响。业界的声讨、抨击腾讯为360发动战争赢得舆论道德制高点。

引爆期

360“隐私保护器”锁定腾讯

2010年9月27日，360推出隐私保护器专门“监控”QQ，并直言QQ涉嫌窥视用户隐私。由此，“QQ侵犯用户隐私”的质疑，通过360和大众舆论被更大范围地抛到网民面前，也引起了网民对于QQ客户端的担忧和恐慌。看似不经意之作，却来得像“事先已经准备好的一样”。在QQ推出电脑管家的5天后，360终于引爆了这场互联网史上影响人数最多的“口水战”。

2010年9月30日，360隐私保护器发布第二版，新增对腾讯TM和MSN监控。并以“用户隐私大过天”告示天下。

2010年10月11日，360安全卫士发布国内首个《用户隐私保护白皮书》，向用户详细叙述360隐私保护器的工作原理。自此，360紧抓用户利益关注点隐私，大做文章，主动攻击腾讯。

腾讯断然否认360指控

2010年9月27日，腾讯对外发布声明回应，断然否认QQ软件窥探用户隐私，同时称绝不涉及任何用户隐私的泄露。

2010年9月28日，腾讯在科技频道发布《360浏览器涉嫌借色情网站推广遭公安立案调查》一文，对360的窥视控告进行了反击。但却没有以足够说服人的理由正面回应侵犯用户隐私之事。

2010年10月11日，腾讯以QQ产品团队名义对外再发声明，称QQ被诬蔑窥视用户隐私。腾讯声称扫描用户文件只是一个安全模块，采用了安全软件普遍采用的检测技术，系统地发现和清除各类木马，实为保护QQ用户信息安全之举措。

全面爆发期

腾讯结成反360联盟

2010年10月12日，腾讯QQ向1亿多在线QQ用户大规模弹窗称“被某公司诬蔑窥视用户隐私”。

2010年10月14日，腾讯正式起诉360不正当竞争，要求奇虎及其关联公司停止侵权、公开道歉并作出赔偿。

2010年10月27日，百度、腾讯、金山、傲游、可牛共同发表一份《反对360不正当竞争及加强行业自律的联合声明》，旨在“揭露360的种种恶行，表达坚决反对360不正当竞争的行径，并呼吁加强互联网行业自律，为中国互联网的健康发展创造良好环境。”

2010年10月28日腾讯在QQ客户端软件弹出名为《联合声明》的窗口，称腾讯等五公司坚决反对360不正当竞争的行为，将“隐私门”事件上升为行业的正义之战。弹窗大战蓄势待发。

360借客户端弹窗反击

2010年10月13日，360称QQ涉嫌扫描用户隐私是长期存在的历史问题，用户最有权力监督。

2010年10月28日，360在其官方网站上宣布，“通过微软的Process Monitor和360隐私保护器，发现QQ软件按照一个预置的‘超级黑名单’扫描电脑开始菜单和桌面上的快捷方式，这个名单里共包含685款软件。

2010年10月28日，360在其客户端“安全卫士”弹出窗口，题为《360为保护用户隐私 遭腾讯打击报复》，称“腾讯对利益的追逐不止于此”。

战役巅峰期

“扣扣保镖”直击腾讯要害

2010年10月29日，360推出一款名为“扣扣保镖”的安全工具，称该软件能全面保护QQ用户的安全，包括阻止QQ查看用户隐私文件、防止木马盗取QQ帐号以及给QQ加速等功能。这次360真正威胁了腾讯的核心竞争产品，触及到了腾讯市场利益的底线。

2010年11月3日，为了应对腾讯“二选一”的逼迫，360下线“扣扣保镖”并发布致网民的紧急求助信，呼吁网民停用QQ三天，称“这是360生死存亡的紧急关头，也是中国互联网最危险的时刻，希望您能够坚定地站出来，再次给予我们您的信任与支持！”

2010年11月4日，360再发公开信，决定召回扣扣保镖，并表态将反思。360公司发布致用户的一封信，表示愿意让中国互联网尽快恢复平静。希望经历过这个不眠之夜的互联网用户以理性、平静的心态对待此次突发事件。

腾讯迫使用户二选一

2010年11月3日，腾讯发布致广大QQ用户的一封信，表示在360公司停止对QQ进行外挂侵犯和恶意诋毁之前，决定将在装有360软件的电脑上停止运行QQ软件。业内认为，腾讯这招是逼迫用户作出二选一的选择。

2010年11月4日，腾讯发布第二封公开信，声诉背后难以承受之痛：360没有道德底线的破坏和窃取，“宁肯背负骂名”采用躲避360的方式，保护QQ帐号不被恶意劫持。同时召开媒体沟通会，回应媒介、网友的质疑和指责。

工信部紧急叫停“3Q大战”

2010年11月5日上午，工信部、互联网协会等部门开会讨论“360与

QQ纷争”的应对方案。政府部门用行政干预的方式要求两家公司不得再发布煽动此事的新闻和讯息。

在事态发展到不可收拾之际，工信部通信保障局和公安部介入化解将这场“纷扰之战”。但腾讯与360两家企业的利益冲突仍远未停止，或许下一场“3Q大战”将在不久的未来重演……

事件解析

以保护用户“隐私”等为名所进行的这场商业博弈，却以双方几亿用户的电脑桌面为战场，各自发动大规模的舆论攻势，制造了一场中国互联网史上前所未有的商业战争。不禁会让普通的消费者质疑，究竟这场商战是在保护用户的利益还是在侵害用户的利益呢?

双方各自将对方描绘成妖魔，自己则是用户利益的守护神。然而，双方均没有足够说服力的证据证明自己的观点，倒像是彼此自说自话，各自刻意规避了对自己不利的信息，加之信息安全技术本身的理解难度，以及具有公信力第三方权威机构的缺失，使得普通用户根本难以做出判断，这样战争参战各方究竟哪一方更具正义性，恐怕最终也无法找到答案，但必须指出的是，客观上这样的商战的的确确严重损害了消费者的利益，无论是所谓悲情诉求却肆意强行弹出的客户端窗口，还是被迫进行二选一的抉择，以及无法卸载的客户端，都令消费者增添了自身信息维护的不安全感。受损的不仅仅有消费者的切身利益，还有两家企业的商誉，以及公众对中国互联网健康发展的信心。

商战场面的热闹也暴露了互联网行业竞争的丛林法则，庞大的用户群令参战双方有恃无恐。而尽管双方都动用了巨大的资源开展舆论攻势，但我们没有在这场战争中看到谁是真正的赢家。

公关操作点评

360与QQ的纷争缘于桌面客户端利益的冲突，最终演化成一场波及范围巨大的公关大战，在持续时间长、公关手段多样化以及交战层次化方面，无不彰显了公关的威力。

360公关策略

1．先发制人

360以保护用户利益为由率先推出隐私保护器和扣扣保镖。充分利用了公众对网络安全的不了解以及担忧心理，先发制人，赢得先机。占据了舆论战的主动权，同时在战役巅峰期严重影响互联网用户的情况下，360主动召回扣扣保镖。但在腾讯"二选一"带来大量用户卸载360时，许多用户发现360安全卫士无法卸载，也对360自身造成了不良影响。

2．公益诉求

针对腾讯与五大公司结盟，360成功将自己塑造出于公益，以弱抗强，敢于挑战腾讯霸权，为用户以及其他被腾讯排挤的小企业的孤胆英雄形象，激发了许多对腾讯不满的用户以及中小企业的同情心，在战争的潜伏期，无论是网友爆料"QQ扫描用户的硬盘"还是《"狗日的"腾讯》文章的发表，都从侧面为360创造了有利的舆论环境。

3．网络公关

与腾讯力求实现网络媒体与平面媒体均衡发布信息的公关操作习惯不同，360更加充分利用网络媒体的公关手段，采用循序渐进的进攻模式，

360决定着战局走向。从推出“隐私保护器”到发布国内首个《用户隐私保护白皮书》再到“扣扣保镖”面世，360进攻手段的层次化使腾讯处于被动招架之势。而在网帖风浪中，360的支持方每秒接近300回帖，总评论数达10万，无怪乎腾讯阵营指称360拥有“十万水军“。

4. 借势公关

率先借助互联网媒介，建立联盟阵营为舆论造势达到借势公关的目的。360通过盛大董事长陈天桥、迅雷CEO邹胜龙和搜狐董事局主席张朝阳等发表对360保护用户隐私行为有利的言论，令腾讯沦为千夫所指、众矢之的。

腾讯公关手段

1. 制造悲情

以“受害者”身份自居，通过门户网站公告、新闻发布会等形式博取媒体大众的同情以挽救企业诚信的危机。面对360方精心策划的攻势浪潮，腾讯大打情感牌，痛诉对方的不正当竞争行为及软件“劫持”恶行，旨在向公众树立“保护QQ、用户信息安全”的正义形象。

2. 转移视线

“隐私门”曝光后，腾讯采用迂回策略，通过打击对手的方式转移网民的舆论关注点。在360突如其来的隐私保护器进攻下，腾讯否认“QQ扫描用户文件”，并爆料“360浏览器涉嫌借色情网站推广”，试图掩盖对方的指责并转移网民视线。

3. 策划专题

腾迅借助其本身作为门户网站之一的先天优势，制作“专题报道”，系统性地对360进行反击，借助这一自有媒体平台，腾讯拥有更直接的宣传阵地，起到了较好的传播效果。但在外部媒体运作上，特别是WEB2.0的运用上，不如360凶猛。

4. 合纵连横

联手国内5大互联网企业共同讨伐360。一则分散舆论焦点，二则转防御为进攻。强大的联盟阵容有效地施压360，为处于风口浪尖上的QQ赢得喘息之机。

公关效果评估

纵观本次争端，从微观层面来说，360有备而来，先发制人，操作手法灵活多变，招招制敌要害，进退裕如，在攻势稍占上风；而腾讯则显得有些被动，先是公关负责人情绪失控，而企业领导人由于缺乏与媒体沟通的经验，略显拘谨，最终的摊牌也让人为之气结，留下了今年的网络流行语之一“一个艰难的决定”，可说公关操作遗憾多多，但好在通过对消费者提供补偿，释出善意，多少挽回了一点不利的影响。

但从宏观层面来说，双方都可谓代价惨重，营造了双输的格局。一方面被有关部门公开批评，另一方面，两者罔顾消费者感受大打出手的幼稚行为，几乎触及用户所能承受的底线，均成为企业不良行为的范例。

对于腾讯而言，在企业发展战略上应当思考的是如何处理与同行的竞争关系，作为中国互联网的旗舰企业，在发展的同时，如何处理与同行的关系，维护行业良性竞争的生态环境，如何真正彰显大家风范，成为受人尊敬的行业领袖，改变凭借垄断地位扼杀创新的恶名，应当是腾讯必须要面对的课题；而在公关操作上，腾讯更应反思的是，如何建立企业危机处理与预警机制，如何娴熟运用互联网公关，如何尊重用户的体验和感受，如何真正驾驭自有媒体客观中立公正地发声。

而对于360而言，其应当通过公关手段促进与市场、用户及消费者的有效沟通，努力摆脱行事无所不用其极、江湖味道过重的“坏小子”形象。

双方修补形象的过程注定是一个缓慢而艰难的过程，在这个过程当中，最核心的是再度赢得公众、用户对企业及产品的信心和信任，唯有如此，才能够在日益壮大的中国互联网持续发展。

腾中收购悍马 一场华丽公关秀

当2010年2月份通用正式宣布腾中收购悍马交易失败后，一场轰轰烈烈的“蛇吞象”商业并购案例最终无疾而终。然而，腾中重工收购虽然以失败告终，但是却赚足了世人眼球，通过电视、报纸、收音机等传统媒体和网络、手机等现代媒体的高关注，把“腾中买马”的过程、方法、细节剖析的淋漓尽致，各种分析论述层出不穷，腾中没花多少钱，企业的知名度已迅速提高。

通过回顾此次收购的全过程，分析腾中的策略与手段，对于企业的传播技巧会有众多启示。

回顾：跌宕起伏的收购“罗生门”

2009年6月2日，多家美国媒体报道了处于通用“覆巢之下”的著名越野品牌车——“悍马”，将被远在中国的“伯乐”相中。据路透社消息称，通用汽车公司达成初步协议，将悍马（Hummer）品牌出售给四川腾中重工（下简称“腾中重工”）机械有限公司。6月3日，这一消息获得了腾中重工的初步确认，腾中重工指定的媒体联络机构博然思维集团“证实了这一消息。

这出大戏开始拉开帷幕，在主要由腾中、通用共同演绎的商业大片中，商务部、发改委等政府部门也被纷纷卷入事件中。2009年6月30日，腾中重工总经理杨毅在接受媒体采访时曾表示，该公司正在就收购项目向有关部门进行申报，但商务部发言人姚坚随后在例行发布会上表示，商务部还没有收到有关四川民营企业宣布收购悍马的申报和申请。7月16日，腾中称收购悍马案已报备发改委，8月24日，商务部称未收到腾中收购申请。

2009年10月10日，腾中重工宣布与通用达成收购悍马的最终协议，收购成功似乎是近在咫尺，包括美联社、路透社、BBC和《华尔街日报》、《时代》等众多媒体纷纷关注此事。

当然结果却非常有戏剧性，2010年2月25日，腾中重工表示因审批原因，收购悍马失败。

剖析：企业可借舆论造势打造华丽公关

收购悍马注定是腾中重工华丽的公关。腾中收购悍马一案，看似考虑得颇为周全，运作中也扎实细致，谈判起来诚恳真心，流程也是层层推进，但是背后却显见商业策划的痕迹：第一，四川腾中重工是一个完全名不见经传的地方企业，收购美国通用公司的悍马品牌实力不足；第二，腾中没有生产汽车的资质，不能消化和吸收通用悍马汽车的先进技术；第三，悍马品牌是过去汽车行业高排放、高耗能的典型代表，与当前新型节能环保的绿色理念格格不入，收购悍马要获得有关部门批准的可能性基本没有；第四，腾中重工整个收购宣传是委托一家国际专业公关公司在做，使此次收购更像是一次公关策划。

从2009年6月3日四川腾中宣布和通用汽车达成收购悍马品牌的谅解备忘录开始，这家原本名不见经传、地方型的机械、路桥、重工企业，一跃成为闻名全球的黑马，腾中所付出的宣传费用远远低于1亿美元。有评论家笑称“四川腾中能够担当炒作超女快男的光荣任务。”我们从中剖析腾中、通用双方在此采用的公关策略和手段，对于现代企业巧妙利用舆论造势还是非常有借鉴意义的：

启示之一，要打造极具爆破性的新闻点。比如“腾中欲购悍马”就是个令人瞠目结舌的新闻，“小鱼吃小鱼”无人问津，“大鱼吃小鱼”很平常，“小鱼吃大鱼”则能吸引不少眼球，而腾中则直接催生了一个类似“蛇吞象”的新闻，一个从未造车的中国小民企竟想收购美国百年车企的知名品牌，当然能引发全世界关注。这一案例的特殊之处还在于引入中、美两国的特殊代表性，世界最大发展中国家、最大发达国家当然能引发全世界媒体关注。可能很多企业无法操作如此庞大的造势，但“利用反差、对比营造新闻点”值得我们借鉴。

启示之二，挤牙膏似的信息输出，可巧打“糊涂帐”。通常教科书里是说信息传播要精准、明确，但适时的装傻、装憨是有用的，美国前联邦银行“老大”格林斯潘就深谙其道，采访时经常说些模棱两可、晦涩难懂的话语。而腾中在此案中也是经常“打太极”。比如在递送审批过程中，腾中到底向哪个部门递交过报告材料，材料里有些什么内容？众多关键信息都是由公关服务公司挤牙膏似的，将整体信息分割成零散信息进行对外公布。这种操作方式吊足众多媒体胃口，保持了长达九月之久持续报道。

附录：腾中收购悍马时间表

2010年02月25日—— 通用出售悍马给腾中交易失败

2010年02月24日—— 中国商务部否认收到收购申请

2010年02月23日—— 传言腾中收购悍马将进行境外交易

2010年02月10日—— 悍马停产等待交易

2009年10月09日—— 通用与腾中达成出售悍马协议

2009年10月03日—— 腾中称收购悍马仍在谈判

2009年09月15日—— 商务部称未收到腾中收购申请

2009年08月24日—— 腾中称收购悍马仍在等待批准

2009年08月17日—— 腾中称悍马交易9月敲定

2009年07月22日—— 腾中重工或为悍马设离岸公司

2009年07月16日—— 腾中购悍马案已报备发改委

2009年06月03日—— 四川腾中重工将收购通用悍马

危机公关+

Crisis Public Relations

中国企业舆论环境研究

RESEARCH ON PUBLIC OPINION OF CHINESE ENTERPRISE

凡是有利于公众的才有利于企业

主编马苏格先生和编委会委托我为作者团队已经完成的案例和分析加一段简要的评价，我则想跳出本篇三个案例的过程和细节，考量危机公关的核心价值。过程、细节或者说真相的版本，显见却难以把捉；核心价值则是自他应当操持的尺度，潜隐不彰却贯注于全部过程和细节之中。

无论怎样定义危机公关，其目标皆在于与各方沟通以降低伤害。然而，所欲规避、化解者，究竟是“谁的伤害”？对于这个问题的解释和解决，直指危机公关的核心价值——命运共同体观念的涵化、生长和实践。我认为可以在如下三个层面理解命运共同体观念：危机公关所护念的当是企业与利益相关者共同的伤害；因而它不是一个“搞定”媒体、同行、上下游、客户和员工的过程，而是追求把多元的挑战者、反对者和围观者转换为共同解决问题的行动者；在整个社会系统被各种信息和利益细密缝合的今天，并不存绝对意义上的个体利益，或者说个体利益必须在共同体利益的生产中得以实现。

我不认为命运共同体观念是抽象的说教，它的确是一种价值理想，同时也是“有用的”道德哲学。当我们以“主体”命名应对危机的企业，以“客体”称呼危机中的企业利益相关者时，必须意识到没有客体就没有主体，无他亦无自。简言之，主客一体、自他一如。过度强调“一体两面”中的“两面”，其结果往往是灾难性的。假如富士康只采取单边行动，那么纵然布下天罗地网也难以堵截所有灾难的可能性，而其后期之成功正是以群体的力量激发员工自主的生命意识；作为快消品的乳业不可能只存在一尊独立的“老大”，各守本份、共同繁荣才符合世界快消品市场的普遍经验，哪一家独揽市场哪一家就会处于极度危险之中。

一百多年前，现代公关之父艾维·李在行业原则宣言中说，凡有利于公众的才有利于企业。另一位公关行业的开创者亚瑟·佩吉说，企业的公关部门即使在其他所有部门都只盯着市场和利润时，也要清醒而坚定地告诉决策者，尊重和守护公众的利益才能长久保护自己的利益。越是在变革的年代越是要捍卫这般朴素的道理和常识，我们已经见证，那些舍弃命运共同体观念的企业公关已经成为企业自身的伤害。当加法变成减法，“公关”也就沦为“私害”。

点评专家:

胡百精，中国人民大学新闻学院传播系主任，公共传播研究所副所长，副教授，主要著作有《公共关系学》、《危机传播管理》，近年主要研究方向为公共传播与社会认同。

直面"N连跳"：富士康公关危机管理遭"沦陷"

现代企业永远面临两大课题，一是保持企业的持续快速发展，另一方面则是谨防危机的发生。只不过，当那些意气风发的企业家们踌躇满志地开疆拓土时，不少人忘了危机像影子一样悄然随行，伴随企业向前的步伐，随时都有可能从角落里出其不意地冲杀到面前，让人措手不及，甚至万劫不复。2010年注定将成为全球最大代工企业富士康科技集团历史上沉重的一页。自1月23日到5月26日，不到半年的时间，富士康深圳龙华园区接连发生12起一线员工跳楼自杀事件，造成10人死亡2人重伤。一时间全球关注，舆论哗然，"自杀"和"全球最大"这两个关键词一经组合激活，危机便一发不可收拾，不仅将郭台铭逼到墙角，也给富士康贴上了"血汗工厂"的标签。在郭台铭及其领导班子神经脆弱的同时，富士康企业形象也遭遇了空前严峻的危机挑战。直面"N连跳"，低调的富士康不得不面向全世界开放，郭台铭也走到台前，一面疲惫拭汗，一面三躬道歉，"除了痛惜还是痛惜"。在这段不堪回首的危机期间，富士康并非无所作为，但为什么那些年轻人还是拿自己的生命来"抬杠"呢？曾经强硬的郭台铭为什么判若两人地向媒体"求助"呢？整个事件的发展为什么让富士康在高潮之际出尔反尔节节被动呢？

作为一个典型的企业形象危机，本文将从公关危机预防及应对角度做出粗浅分析。

危机预防：凡事预则立

其实，问题与风险一开始就存在。据了解，在富士康，一线工人完全被机器绑架，日复一日地重复一个简单的动作。如果发现因疲惫而瞌睡就会被公司从自己1000多元的工资里扣去500元，员工神经高度紧张，上班时间忙得上厕所的时间都没有，下班了更无心思和精力去游泳健身。同在一个宿舍，员工彼此连别人的姓名都不知道。与此同时，大陆员工和台湾员工还有待遇差别。作为80后、90后年轻的一代，他们的梦想与现实之间的落差由此可想而知。

本文在此并无意于对富士康的经营管理模式进行探讨点评，但作为"N连跳"事件发生后富士康被社会各界包括媒体广为诟病的"冷漠"与"非人性化"管理制度，却反映了富士康在企业公关危机管理意识上的淡薄，最终在这种不健全的企业文化里酿成了系列悲剧。难怪有种说法称："富士康跳的不是'楼'，而是'文化'。"

众所周知，危机预防重于危机处理。作为现代企业经营过程中健康发展与危机防御这两者中不可偏废的一部分，危机管理工作从来都具有战略意义，必须立足长远，系统建设。

首先，企业必须培养全员危机管理意识，居安思危，未雨绸缪。

作为企业危机中的一种特殊形态，企业公关危机可以伴随各种具体的企业危机形态出现，他被外部公众包括媒体所广泛关注，从而对企业的形象、声誉等造成破坏或损伤，使企业的公共关系处于危机状态。

企业公关危机重点关注的领域在不同行业有所不同，但基本都会包括安全、生产、营销、人事、组织管理、财务法律、社会责任、突发事故等（上市公司还会重点涉及投资者关系）。根据对富士康管理方式及企业文化的了解来看，员工长年累月机械化的工作以及冷漠制度带来的隐忧（问题或风险）是显而易见而且长期存在的，如果企业稍具风险及危机意识，恐怕都不会酿此悲剧。

2010年5月24日，在富士康发生当年“第10跳”之后的第三天，郭台铭首度回应，称富士康绝对不是血汗工厂，他也有信心在短期内把状况稳住。但话音未落，2010年5月25日凌晨，富士康就又发生了当年“第11跳”，坠楼者不幸身亡。

对于11名跳楼自杀的员工，郭台铭表示，这与员工的个性和情绪有密切关系，而与集团的管理方式和工作压力关联不大，但是富士康将会尽己所能，建立各种各样的渠道去帮助员工缓解这样的情绪。

郭台铭希望以数据为富士康辩护——整个深圳富士康园区有45万人，“这11起只是个案，我不能百分之百地说我们的管理没有问题，没有一个管理是完美的，我们也在疏压。我们必须要看到的是，11起只是少数，还有40多万在深圳的员工他们很快乐。”他认为，深圳富士康有45万名员工，人员过度集中使得员工坠亡事件更引人关注，如果他将这个大厂分割成若干小厂，效果便会截然不同。他也曾经咨询过专家，当前富士康仍然低于社会平均自杀率。

显然，郭台铭忽略了“密集自杀”这个要点。更为重要的是，以郭台铭为代表的富士康从意识上并不“以为意”，言语之中透着无奈甚至无辜，看不到反省的痕迹，也看不到危机意识的觉醒。而这，或许是2010年富士康“N连跳”悲剧的真正根源。

其次，企业应建立一套危机预警体系，在日常工作（及员工生活）中及时发现问题或风险并有效控制，尽量避免危机的发生。与此同时，规范的危机管理还应建立系统的危机预案，以便危机发生时从容应对。

企业危机公关预警体系包括“监测-识别-分级-预警”四个基本环节，

在建立企业危机管理组织体系的基础上，结合具体的预警运行机制，只要实际工作中落实得力，很多问题或风险是可以及时发现并得到妥善处理的，不至于任其发展，最终爆发演变成危机。

富士康的管理制度被称为准军事化，员工的一举一动都在“监视”之中，只是这些都服务于生产和创造利润，对于员工与保安之间的紧张关系、员工与企业之间的“不和谐”，几乎视而不见，在这种文化理念及由此诞生的管理制度中，监测不可谓无效，但是不会产生“人性化”的改善行动。

由此，危机终于发生。2010年1月23日，富士康第一名员工坠楼身亡后，死者家属和媒体提出质疑和指责，富士康连夜召开新闻发布会，通报该员工伤势和抢救的情况，并表示全力配合警方调查，向各方表明了积极处理事情的态度。并且发布“悬赏”，若有提供死者非猝死线索的，将奖励50万元。与此同时，富士康董事长郭台铭就员工意外死亡一事做出公开回应，他认为富士康是在500强里面最守规范的工厂之一，并对这一观点充满信心。

但是，在2010年2月到4月上旬，继续有5名员工先后跳楼自杀后，富士康选择了一种低调处理的政策，没有积极通报和解释原因，引起媒体与大众的不满和猜疑，更有《南方周末》记者卧底到富士康公司进行暗访和调查。信息封闭使得富士康处于被动局面，大量的负面报道、“血汗工厂”字样见诸报纸和网络。

在企业公关危机预警体系中，对于监测（掌握）到的危机情况，需要有着清晰的识别，包括：是单一事件还是区域性（全国性、全球性）事件、事件是否得到控制还是继续蔓延、是否违法、对利益相关方造成的损伤、对公司形象的影响程度、媒体追踪的急迫性等。根据这些事实作出判断后，还需要结合不同级别危机的判定指标准确分级，从而在最短的时间内发出危机预警，激活相应级别的危机管理组织，进入危机预警或处理流程。实际危机处理时，须在激活相应级别危机管理组织后，由危机管理组长召开危机管理会议，制定危机沟通策略，拟定对内通告及对外新闻口径，并指定新闻发言人。富士康在处理危机的“黄金时间”所采取的做法（尤其是第2跳到第6跳），完全背离了合理正确的方式，被动已是必然。

纵观富士康此次面对“N连跳”的危机应对，几乎都是头痛医头，脚痛医脚，比如有人跳楼就筑网，有人心理异常就疏导，宿舍难管就交政府管，从这些见招拆招的行为可以看出企业基本没有系统的危机预案，从而导致危机发生时手忙脚乱，疲于应付。

规范的企业公关危机管理体系建设，很重要的一部分就是针对企业高危潜发危机领域建立系统的预案（包括总预案、专项预案及部门预案等），基于不同领域潜发危机的特征，界定清晰利益相关方，规划不同对象的沟通策略，包括提供不同用途的工具模板，在平时进行培训巩固，并结合国家（世界）宏观环境、所属行业中观环境及企业自身微观环境不断更新公关危机议题，从而在相关领域发生企业公关危机时，可以快速反应，从容应对。

危机应对：合理引导有效控制

任何企业，公关危机意识淡薄，就已埋下了隐患。没有规范系统的公关危机管理体系，在面对公关危机时，焦头烂额在所难免，一错再错也不奇怪。

公关业内专家在实践基础上提出了诸多危机处理要点，但本质上大同小异，都强调如下3C原则：

关心（Care）：即关心的态度

对内方面，须关心员工及直接责任人的心理变化；关注上级部门的反应以及其他相关机构的动向；公关危机管理核心层对公关危机处理方案必须取得一致意见。

从富士康的此次公关危机处理措施来看，在对内方面乏善可陈。一方面，从1月23日“第1跳”事件发生开始，直到5月6日发生“第7跳”后，富士康才在5月上旬“对内”有所动作，竟然是请五台山高僧为员工祈福。事情继续恶化，到5月25日，已经是“第11跳”。此时，富士康的对内“通告”是两封公开信，第一封名为《致富士康同仁的一封信》，以富士康科技集团的名义发出，大意为，今后员工再发生诸如跳楼自杀等事件，本人或家属绝不向公司提出法律/法规之外过当诉求，要求每位员工均须签字。第二封来自老板郭台铭，慰问员工之外，称会继续努力改进厂区软件、硬件建设。但是这一协议令富士康饱受谴责，随后郭台铭在5月26日的新闻发布会上宣布，富士康要求员工签订的所谓“不自杀协议”立即废止，演了一曲“出尔反尔”的闹剧。昏招背后，狼狈不堪。

虽然后来郭台铭在“N连跳”的重压之下，联合政府推出诸多善后和预防工作，如主动配合政府彻查事件，宣布为所有员工加薪30%以上，成立庞大的心理咨询团队进驻富士康，定期为员工提供心理咨询，邀请外部专家成立企业监察团，监察富士康用工情况，同时为富士康企业管理提供决策参考，在全工厂加装防自杀防护措施等，但危机处理贵在第一反应，重点要把握的是初期的“黄金时间”，经历了前期的麻木迟钝，后期的动作已经显得太晚。

按照3C原则，从关心的态度角度来讲，对外，需一切从公众的立场、角度思考问题。在媒体上第一时间向受到影响或损失的利益相关群体表示关心，清晰、透明地陈述事件的基本情况，确保所公布的信息没有刻意掩饰的成分。采取行动帮助受到影响或损失的人恢复正常生活，关注利益相关群体的情绪走向。

郭台铭在“第11跳”之后才面对媒体，错失第一时间的沟通，而坚称跳楼事件“与员工的个性和情绪有密切关系，与集团的管理方式和工作压力关联不大”，也丝毫体现不出关心的态度，不仅没有觉察到公众的情绪和心理，反倒是站在企业的角度，有辩解和推脱的色彩，同样饱受指责。

沟通（Communication）：即保持沟通

处理危机时，要求保持内部信息流通的顺畅，建立公关危机处理小组。任何人知道公关危机发生时，应第一时间通知公关危机管理小组成员。公关危机管理小组指派专人负责上级部门、同级相关机构、下属员工的信息收集和反馈，职责必须明确。小组成员要随时根据公关危机重大进展情况对组内成员或公司内部相关部门及人员做及时沟通。

对外方面，则要求与事件直接相关者开展真实透明的沟通，并通过媒体、热线电话、座谈等渠道了解其他公众的心理状况，答疑解惑，消除负面情绪；建立新闻中心，跟踪并搜集媒体报道并进行舆论走势分析；及时召开新闻发布会，回答媒体关注的问题。

如前所述，富士康在面对此次公关危机时，在前期的沟通显得很被动，看不出内部沟通的成效。在对外沟通上，富士康越是奉行“低调”策略，越是引起外界猜疑，媒体（包括自媒体）上真假信息满天飞，完全失去引导和控制。后期（5月26日）富士康终于决定“敞开大门”，郭台铭亲自带领200多名来自大陆、香港、台湾及外籍媒体记者参观园区，召开新闻发布会，并宣布补救措施。会上，郭台铭向全社会、富士康所有员工和死者及家属表示道歉，更是三度鞠躬，请求媒体能够给予正面积极的配合。同时为了缓解媒体压力，富士康积极争取大陆和台湾两岸官方的支持，进而官方呼吁媒体淡化对富士康跳楼事件的报道。大陆门户网站新浪和搜狐用深圳政府的声明和新华社通稿取代了其他报道。至此，媒体经历了从“疯狂”到“平静”的过程，后续报道也能够从更为客观的角度，重新审视富士康。可以看出，在“保持沟通”方面，富士康前后经历了“封闭”到“开放”的过程，郭台铭的三鞠躬情感牌及争取政府支持的动作，还是取得了相当不错的效果。有此经历，相信富士康将刷新对危机管理重要性的观念，更认识到在一个透明化的现代企业进行透明化管理的重要性。

控制（Control）：即有效的控制

规范的危机处理，要求内部恪守保密原则，公关危机处理方案以及其他须保密的信息应控制在公关危机处理小组内，不可在系统内外随意传播。对媒体的应对口径要统一、前后一致；确定新闻发言人，以最快速度发布权威信息，不给谣言“滋长”的时间；公关危机处理人员应尽快赶到事发现场，取得第一手资料，以便对形势做出正确判断，掌控现场秩序。

有意思的是，本次富士康处理危机过程中，不断有“内部员工”揭露“真相”，内容多涉及他们真实的工作生活环境，对郭台铭所宣称的跳楼事件与富士康“管理方式和工作压力关联不大”形成了鲜明的反差，让富士康的对外沟通举步维艰，极难扭转媒体和公众的认知及观念，危机处理效果大打折扣。

而富士康在“第11跳”之后公开的两封信，竟然又在新闻发布会上被郭台铭当众宣布废止，可见其内部并未就此举措达成策略统一。而在此之前，富士康对媒体的封闭或者“半遮半掩”，给了社会“谣言”极大的滋长空间，在政府出面干预之前几乎失控，而谣言的散播及主流媒体的广泛报道，又对事件本身有着“推波助澜”的作用，以至引发“维特效应”，富士康的被动与“悲惨”真是无以复加。

小结：企业公关危机管理不可忽视

按照墨菲定律，事情如果有变坏的可能，不管这种可能性有多小，它总会发生。从这个角度讲，企业公关危机管理体系建设不仅必不可少，而且刻不容缓。在互联网时代，媒体环境及公众对于事物认知的特点都在不断发生变化，面向未来，现代企业都需要做好如下几点：

1.提升全员危机管理意识，从文化和机制上深植人心；

2.注重企业社会责任，多行善举，提升企业品牌美誉度，从而在危机发生时获得公众理解的心理基础；

3.重视员工和消费者的利益，倡导人性化管理及经营；

4.持续优化企业与政府、媒体、合作伙伴及其他利益相关方的关系；

5.构建规范系统的企业公关危机管理体系，包括建立有效的预警体系和完善的预案体系，做好企业内部公关同时，对外界环境保持高度的敏感。

案例回放：

2010年1月23日凌晨4时许，富士康19岁员工马向前死亡，公司悬赏50万元征线索。

2010年3月11日，富士康龙华基地生活区一李姓员工从宿舍楼5楼坠地身亡。

2010年3月29日，龙华厂区，23岁湖南籍男性员工从宿舍楼上坠下，当场死亡。

2010年4月6日，观澜C8栋宿舍饶姓女工坠楼，仍在医院治疗，18岁。

2010年4月7日，富士康观澜厂区外宿舍，宁姓女员工坠楼身亡，18岁，云南人。

2010年4月7日，观澜樟阁村，富士康男员工孙丹勇身亡，死者22岁，湖北人。

2010年4月10日，富士康集团媒体办主任刘坤、富士康集团卫生部部长芮新明以及富士康工会副主席陈宏方，一起接受《羊城晚报》的独家专访。富士康集团负责人接受采访时数度用“检讨”一词表态。

2010年5月6日凌晨4时许，随着富士康员工卢新跳楼身亡，之前深陷“跳楼门”事件的富士康，再次被推到舆论的风暴中心。据知情人透露，郭台铭因跳楼频发事件，委托富士康副总裁何友成，请来五台山高僧做法事，祈求公司能平静下来，为员工祈福。

2010年5月11日晚间，又传来一名女工跳楼的消息。这已经是自今年1月23日，富士康19岁员工马向前坠楼死亡后的第八起跳楼事件。

2010年5月14日，一名年仅21岁的安徽籍男工，从宿舍楼7楼楼顶坠下，当场身亡。富士康“九连跳”事件引发了媒体和社会的关注。

2010年5月19日，深圳市副市长、公安局长李铭来到深圳富士康科技集团，就富士康近期连续发生员工跳楼事件进行调查，并与该集团高层商讨防范措施。

2010年5月21日，一名年仅21岁的男性员工南钢从F4栋楼跳下身亡。富士康“十连跳”事件引发公众关注。22日晚间，深圳市政府新闻办表示，该市已组成市区两级联合工作组，协助富士康科技集团改善企业内部管理。

2010年5月24日，郭台铭首度回应，富士康绝对不是血汗工厂，他也有信心在短期内把状况稳住。

2010年5月25日凌晨，富士康发生今年“第11跳”，坠楼者不幸身亡。一名富士康员工告诉《南方都市报》记者，“十一跳”发生后，他收到了两封公开信，后一封来自老板郭台铭，慰问员工之外，称会继续努力改进厂区软件、硬件建设；前一封名为《致富士康同仁的一封信》，以富士康科技集团的名义发出，大意为：今后员工再发生诸如跳楼自杀等事件，本人或家属绝不向公司提出法律/法规之外过当诉求。要求每位员工均须签字。同时，深圳市公安、劳动保障、卫生、工会等职能部门已组成专题工作组进驻富士康，针对管理模式、企业文化等方面的问题提出多项指导意见和改善建议，并派出心理医生等人员加强对企业员工的关怀工作。

2010年5月26日，富士康负责人、台湾鸿海集团总裁郭台铭上午从台湾飞赴深圳，揭开危机处理序幕。郭台铭首度开放工厂，全球媒体同时进入富士康深圳龙华厂区采访及拍摄，上午共有200多名台湾、香港、大陆及外籍媒体记者参观富士康部分厂房，期间郭台铭陪同参观。在随后的新闻发布会上，郭台铭向全社会、富士康所有员工和死者及家属表示道歉，并再三鞠躬。同时宣布，此前富士康要求员工签订的所谓“不自杀协议”立即废止。不过他也表示，初步结论认为，跳楼事件与员工天生的个性和情绪管理有关，工厂管理并无问题，并呼吁媒体多正面报道。

2010年5月26日下午，深圳市委书记王荣率该市有关部门负责人来到富士康科技集团，调研该公司连日发生员工跳楼事件。5月26日晚间消息，针对富士康员工跳楼自杀事件，深圳市政府在市民中心举行新闻发布会。深圳市政府发言人李平在会上表示，员工连续坠楼事件涉及员工、企业和社会多个方面的因素，情况比较复杂。

2010年5月26日，国务院台办发言人杨毅在例行新闻发布会上说，大陆各级政府对接连发生的富士康员工坠楼事件高度重视，当地政府、有关部门已组成工作组进入富士康，督促、协助企业查找原因，采取切实有效的措施,做好善后和预防工作。国台办将密切配合当地政府和有关部门,认真做好相关工作。

2010年5月26日23时27分，在龙华富士康科技园C2宿舍楼有人跳楼死亡。尽管富士康科技集团总裁郭台铭25日专程邀集全球媒体，为园区发生的“第11跳”道歉，并公布了4项实施措施等，但12小时后的“第12跳”，将管理者和社会的期望残酷击碎。

2010年5月27日4时10分许，龙华富士康宿舍E楼有一男子割脉。

2010年5月27日，中央部委联合调查组紧急启程前往深圳，该调查组成员由人力资源和社会保障部、全国总工会、公安部组成，人保部部长尹蔚民亲自带队。调查组将至少在深圳调查一周。

2010年6月2日，富士康宣布，深圳厂区一线作业员6月1日起将获得加薪，幅度超过30%,从900元提升至人民币1200元，6日，富士康宣布再度加薪。若考评合格，深圳厂区一线作业员薪水将由1200元提升到2000元，增幅超过66%。据外电报道，富士康进一步上调薪资，可能对股价造成困扰。

2010年6月4日，《经济参考报》报道说“烟台富士康拒为8万员工缴公积金”，年避交公积金资金近2亿元，引发社会关注。富士康科技(烟台)工业园随即表示，目前，已向烟台开发区管委正式报告，确定按照国家法规标准和要求，为职工缴纳住房公积金。

2010年6月8日，据路透社报道，在大陆深圳厂发生数起员工连续坠楼事件，导致10人死亡后，台湾鸿海董事长郭台铭周二表示，企业无法承担太多的社会责任，将把宿舍管理交给大陆当地政府。上午11：52时，鸿海股价重挫4.26%至112.50台币，自5月以来，鸿海股价累积跌幅约26%。

6月12日，国台办发言人范丽青就“富士康坠楼”事件接受记者采访时表示，媒体报道“很多富士康员工抗争”有些言过其实，“对于个别台资企业发生的劳动纠纷，当地政府都非常重视，做了妥善处理。”

6月12日，人力资源和社会保障部副部长张小建表示，对于“富士康事件”，由多个部委组成的联合调查组正在进行调查中，调查结果将向社会公布。针对“富士康事件”，张小建表示，我国整体就业政策不会因“富士康事件”改变，但今后人力资源和社会保障部会引导企业和工会共同处理类似的问题。他说，“连续跳楼不光属于劳动关系层面的问题，其中还有企业管理、青年人心理等问题，有人还说媒体的报道导致自杀情绪传染。”

沸沸扬扬的富士康事件，最终将由人力资源和社会保障部、全国总工会、公安部等多部门组成的部委联合调查组赴深圳富士康进行调查的结果盖棺定论。在整个危机公关过程中，富士康经历了一场惊心动魄的磨难。

蒙牛伊利陷“诽谤门”纷争 公关竟成恶性竞争之利刃

2010年10月20日，财新网刊登的《蒙牛恶性口碑营销策划文案曝光，公安机关已立案调查》一文使蒙牛“诽谤门”事件正式曝光。蒙牛集团儿童奶项目经理安勇、博思智奇公关公司创始人杨再飞等涉嫌于今年7月策划实施针对伊利集团旗下儿童奶产品QQ星的恶性营销方案，利用含有深海鱼油的QQ星可能对儿童健康造成危害的负面报道，恶意打击该产品声誉。蒙牛集团在立案后旋即发表声明，澄清此次事件仅为个人而非企业行为，并就事件公开道歉。但“诽谤门”事件与之前在网络流传的“蒙牛为圣元奶粉‘早熟门’幕后推手”的传言，使蒙牛集团的企业形象和品牌声誉受到了重创。面对中国乳业频频曝光的恶性竞争丑闻，公众对行业的普遍不信任更是给整个乳制品行业的信誉前景提出了严峻的考验。

乳业“罗生门”备受关注

据AC尼尔森数据显示，儿童液态奶市场至少还有40亿的市场缺口，显然，这一新兴市场必定成为中国乳业巨头兵家必争之地，同质产品竞争进入了白热化的阶段。丰厚的利润驱使，加之蒙牛伊利前期爆发的一系列口水战、价格战、圈地战、媒体战，促使原本已极其激烈的行业竞争演变成此次恶性竞争事件。

自10月20日事件曝光以来，虽然股价并没有因为“诽谤门”而大幅下挫，但蒙牛一直处于舆论的风口浪尖，无论是媒体还是一般受众都将目光紧贴事件的两名主角——蒙牛和伊利。

在百度的搜索引擎关于蒙牛“诽谤门”的相关网页搜索量高达42500篇，根据百度对互联网用户的搜索检测显示，基于互联网的快速传播和传统媒体的跟进报道，“蒙牛诽谤门”的用户关注度和媒体关注度陡然上升，10月22日“蒙牛 诽谤门”的用户关注度达到峰值，当天搜索频次高达9524次，媒体关注度也急剧翻倍。对“蒙牛”关键词的用户关注度也达到了自2008年9月三鹿事件以来的最高值，在10月21日当日搜索频次达到10719次，媒体相关报道也高达1800篇，截至10月底，“蒙牛”一词在这个月的媒体关注度暴涨了616%。

而对于被恶意打击的伊利而言，其舆论关注度也达到了自三鹿事件以来的最高值，在蒙牛揭露“未晚事件”后，“伊利”的单日最高搜索量达到了3896次。

新浪调查就此事件开展了调查，结果显示，超过六成的网友认为出现恶性营销事件的原因是行业监管不成熟，而超过两成的网友认为是由于产能过剩导致恶性竞争，对于如何才能树立良好的行业发展环境，53.5%的网友认为应加大对恶意竞争行为的处罚力度，37.1%的网友认为应该加强对企业产品质量的监管。以上数据说明大部分网友认为中国乳业市场的整体环境存在问题，并且只有加大处罚和监管力度才能解决问题，此外，企业本身的职业操守和竞争压力也是造成此事件的原因。

“诽谤门”事件无疑向中国乳制品行业投下了一颗重磅炸弹，各大媒体争相报道，及时跟进事件进展。纵观公众舆论对此事件的焦点演变过程，可大致分为三大阶段：

第一阶段，焦点主要是5月至6月期间关于藻油和鱼油孰优孰劣的争论。在幕后推手的营销作用下，公众开始对“藻油优于鱼油，鱼油中的EPA有害”这一观点产生记忆并加强认知。

第二阶段，焦点主要是7月至8月期间出现的质疑深海鱼油是否有害，伊利QQ星儿童奶是否对儿童有害，并且在圣元“早熟门”发生后质疑QQ星是否会导致儿童早熟。这些舆论焦点后来被证实是安勇等人通过执行《DHA借势口碑传播》方案左右公众舆论，从而营造关于伊利QQ星儿童奶的负面的舆论环境。

第三阶段，焦点主要是这次恶性营销传播事件是安勇的个人行为还是蒙牛的企业行为，对“诽谤门”事件产生的行业道德与违法问题，以及就目前中国乳制品行业道德环境的讨论。

自10月20日事件曝光以来，媒体除了跟进报道公安机关对案件的调查处理，更多是以评论性报道发表对事件的有关看法。主要探讨的焦点：一、蒙牛、伊利恶性竞争的历史以及发展态势；二、中国乳制品行业的竞争环境以及职业道德争论；三、恶性营销对乳业乃至其他行业的负向影响。

在大众舆论方面，公众在这次事件中的表现相对冷静，网民多以“围观”姿态观察事态的发展，并没有出现对其中一家企业一边倒支持的局面。在事件的前期阶段，那些通过网络营销传播手段人为操控、营造的舆论热点和言论在事件曝光后迅速退出受众的焦点范围。事件发展到后期，网民的舆论热点基本上集中在对事件性质以及事件所产生的影响的讨论。

以上数据及舆论表明，“诽谤门”虽然被定性为蒙牛集团内部员工个人策划的恶性网络营销传播事件，但对蒙牛集团的商誉和企业形象仍然产生了短期内难以复原的沉重打击。与此同时，事件中利益受损的伊利一方并没有得到公众的同情。受众早已对乳业行业存有负面印象，这场巨头间上演的“罗生门”更是让消费者对乳业的信任度降至了前所未有的冰点。偏离正轨的道德规范、失去理性的企业良知都只能赤裸裸地接受着社会的质疑。可见这种恶性竞争事件不仅给个别企业，更是给整个乳制品行业的商誉带来了毁灭性的打击。

蒙牛伊利恶性营销事件回顾

5月28日，光明网和新民网刊登转载自《东方早报》的文章《藻油DHA优于鱼油的N个理由——“专家谈福临门‘护脑’调和油中的智慧元素”》。此文被多家媒体转载，借用科学专家的口吻“抬藻贬鱼”，除了大力宣扬藻油的健康优势以外，首次亮出“儿童性早熟”、“未成年人不宜使用鱼油”等隐忧。软文以科普文章的形式出现，对引导受众舆论焦点极具隐蔽性，而“藻油优则鱼油劣”的观点为日后的事件演变提供了舆论基调。

6月2日，各大网站转载一篇《现代妈妈育儿经：科学选购奶粉》，强调了鱼油所含有的EPA有可能会导致失血，并且可能含有已知或人为忽略的有害重金属，恐惧诉求再次强化受众对鱼油产品负面的舆论偏向。

7月13日，《生命时报》、《东方早报》等平面媒体刊登《深海鱼油市场鱼龙混杂 所含EPA存在巨大隐忧》的文章，并且在新浪、网易、搜狐等各大网站转载。文章结尾以记者口吻呼吁广大消费者在慎重购买含鱼油产品，强化“深海鱼油不如地沟油”的认知，并由此揭开了蒙牛深度公关的序幕。

7月15日，在一轮集中报道后，网络上开始出现帖子点名伊利QQ星。伊利方面立即进行网络公关，删除相关帖子中含有“伊利QQ星”的字句。

7月20日，被删掉的网帖再次被大量转载，开心网上出现了名为《抵制伊利集结号 用我们的行动救救孩子》的帖子，这个语气激烈的帖子被迅速转帖，点击量高达20万。

7月21日，各种育儿论坛、天涯、猫扑、各大门户论坛开始转载此前的新闻，并且出现攻击伊利的帖子。百度知道、天涯问答、搜搜问问等维基类论坛也开始有指向伊利QQ星含有EPA的问答。

7月30日，伊利报案。网上出现了伊利反击的帖子，通过维基类问答为QQ星的质量正言，撇清鱼油有害、QQ星可能对儿童有害等观点。

8月7日，武汉三女婴食用圣元奶粉性早熟事件曝光。当天，圣元奶粉就发表声明，声称女婴性早熟事件与奶粉质量无关。

8月14日，论坛和维基类网站中开始有帖子将性早熟标签和伊利联系在一起。伊利通过回帖继续反击。在百度知道中甚至出现了“反伊派”和“挺伊派”的骂战。

8月15日，卫生部通报“圣元奶粉导致婴儿性早熟”调查结果，指出圣元奶粉中未检出外源性性激素。圣元“早熟门”事件暂告一段落。

10月19日，微博上传出“圣元奶粉致儿童性早熟事件”系蒙牛策划。

10月20日，蒙牛乳业通过互联网发布声明，称公司并未参与策划圣元奶粉“早熟门”一事。当天中午，财新网刊发《蒙牛恶性口碑营销策划文案曝光 公安机关已立案调查》一文，证实公安机关确已对蒙牛、伊利两大乳企间的恶性口碑营销传播事件进行立案调查，涉案的博思智奇公关公司创始人杨再飞被带走调查。伊利在其网站上登出了《伊利集团就“竞争企业恶意攻击事件”的说明》，声称蒙牛恶意损害其产品和品牌。

10月21日，蒙牛乳业在港交所发布公告称，从未策划、组织、实施任何与指控竞争企业的产品引致儿童性早熟有关的活动；蒙牛没有任何董事或高管人员被拘捕，只有一名业务经理正在配合中国有关当局调查。

10月22日，零时，蒙牛发表声明向消费者道歉，声明此事和公司无关，安勇已被除名，并曝光伊利“未晚事件”。当天，内蒙古呼和浩特警方召开记者发布会介绍了情况。

蒙牛粗放式公关的弊端

2010年，三聚氰胺阴霾未退，圣元奶粉的婴儿性早熟事件让消费者心寒，蒙牛“诽谤门”紧随其后，艰难复苏中的中国乳业在连环打击下更显步履蹒跚。随着公安机关立案查办，事件也暂告一段落。然而经此一役，蒙牛和伊利都在不同程度上受到了损伤。这场非零和游戏，终点是两败俱伤，在他们互相损害对方名声的同时，也让中国乳业陷入前所未有的恶劣的舆论环境，名声跌至谷底。

这次事件中，蒙牛对“诽谤门”进行危机管理的过程中有许多可圈可点的地方。

首先，蒙牛的危机处理符合危机公关6F原则中的“Fast”（快速）原则。“速度第一”的原则认为，越早发现危机并迅速反应控制事态，越有利于危机的妥善解决和降低各方利益损失。

在10月19、20日两天，相继传出对蒙牛不利的负面消息，而蒙牛对两则消息的处理手法和态度有些差别。19日微博上传出“圣元奶粉致儿童性早熟事件”的信息，次日蒙牛便通过互联网发布声明，迅速回应并否认参与策划圣元“早熟门”一事。然而当天又爆出公司员工对伊利产品实行恶性营销并已被公安部门批捕的消息，蒙牛对此报道则采取更加谨慎的态度，为了稳定投资者和公众信心，蒙牛在事隔两天后才在港交所发布相关公告。

蒙牛对圣元事件的快速反应一方面向公众和媒体表明企业姿态，另一方面，也让蒙牛在圣元事件上显得更理直气壮，抑制了误解、流言、猜测的产生。而由于对伊利进行恶性营销事件涉及法律程序，蒙牛对伊利事件的谨慎处理也在情理之中。

其次，蒙牛“断臂自救”虽显强硬，但也不失为维护和挽救企业形象的必然之举。在事件曝光2天后，蒙牛发表声明澄清立场，利用道歉、承认管理缺漏的柔性处理以及对涉案员工除名的刚性手段双管齐下，坚决撇清自己与这起恶性事件的关系。鲜明的立场给公众和媒体一个解释，而明确的表态是危机爆发后维护企业形象的必要手段。

再次，蒙牛重视了媒体沟通，建立及时、直接的信息发布渠道。在蒙牛的官方网站上，专门设立了一个“蒙牛集团关于‘安勇事件’及诽谤与被诽谤声明”，其中设立了新闻事实、媒体问答、跟踪报道等内容，并回应了来自《第一财经》、《1财网》、《法制日报》的问题。畅通的媒体报道和沟通渠道是在信息化、网络化时代中危机处理的重要保障，面对危机爆发后媒体的爆炸性报道，灵活变通，疏导言论比堵塞言论能更好地解决问题。

然而蒙牛的声明并未能消除公众和媒体对那个若隐若现的真相的疑问和猜测，而蒙牛在危机管理上过分急躁和忽略长期的考虑使得这个难题未如蒙牛所预料那样迎刃而解。

第一，蒙牛“鱼死网破”的处理方式缺乏理性的考虑。

蒙牛着眼于短期内转移话题而忽略了长期的企业发展，这是蒙牛之所以未能成功地处理“诽谤门”危机的核心原因。

在发表了道歉声明后，蒙牛并没有完全放下身段，以诚恳的态度解决

“安勇事件”所带来的负面影响，而是将与伊利的陈年恩怨再次搬到公众的视野当中，企图利用“未晚事件”为自己伸冤的同时，将原本聚焦在自己身上的注意力转移到对手身上，企图让自己的损失相对减少。然而这种“鱼死网破”的做法无异于饮鸩止渴，因为即使蒙牛将悲情的王牌亮出，消费者依然不会对其遭遇产生同情和共鸣，反而会加深对蒙牛、伊利乃至整个乳业行业的失望，严重挫伤企业乃至行业的公信力。

第二，在与公众和媒体沟通过程中，即使完善了信息发布渠道，蒙牛在处理上还是缺乏足够的诚意。

从事发到现在，蒙牛始终处于单一信息发布方，并没有就事件召开新闻发布会或建立其他互动平台，直接利用互动消除公众疑惑。这样无疑是提供了空间给公众自由发挥，为流言、误解、猜测提供温床。

第三，蒙牛缺乏完善的危机公关应急预案。

从蒙牛在应对此次事件的情况，不难发现在这一系列举措的背后，缺乏完善的危机管理制度的支撑，在与媒体和公众的沟通渠道上缺乏主动性和积极性，没有深刻理解积极主动的沟通对于危机解决的促进作用。在这个公开化、透明化的时代，公众对信息的主动接触性成为企业在危机管理中不容忽视的因素。

反观伊利反应，作为受害一方，伊利在事件曝光后立即对竞争对手的行为表示不满和谴责，而网络上也有传言认为，蒙牛策划圣元奶粉“早熟门”一说其实是伊利“黄雀在后”的举措，被网友认为是借着“诽谤门”对蒙牛“追着来打”，有置蒙牛于死地之嫌。无论传言是否属实，都从一个侧面说明伊利在公众舆论中也未能清白退场。

另外，面对蒙牛反复强调的“未晚事件”，伊利到目前为止仍是三缄其口，企业方面并没有就此表明立场。这种沉默恰恰反应出伊利缺乏对危机公关“Forecast”（提前预测）原则的充分认识，缺乏对事件恶化后所带来的负面影响的理性评估。速度和透明是危机预防和管理的关键，一旦错过在危机酝酿期中解除危机的机会，企业往往难以完全有效地控制危机的爆发与扩散。因此，无论调查结果如何，伊利都应尽快就“未晚事件”表明企业立场。

对“深度公关”的思考

有业内人士认为，这是一场“深度公关”的饕餮盛宴，这也是一场恶性竞争的“罗生门”。正当公关策划与恶性营销传播只是一步之差，中间的灰色地带正考验着公关公司和企业的职业道德底线。

对于任何一种行业而言，一旦企业竞争进入了相互打压的恶性循环中，意味着企业甚至行业最终都将走向皆输的局面。

中国乳品行业近十年来发展非常迅速，其中一方面是得益于企业的营销手法。乳品企业刚开始采用概念营销、事件营销等手法时，对于开拓市场来说无疑是起到积极作用的，但后来营销的立足点却慢慢走上了歪路，一是概念营销泛滥，脱离了产品本身；二是开始热衷于打击同行，刻意炒作事件，同行之间的互相攻讦越来越多，脱离了营销本身。如何正确地运用公关和营销手段成为了“诽谤门”事件后企业必须要认真并谨慎思考的问题。

除了对蒙牛、伊利两家乳业巨头的企业形象抹上一层黑以外，此次事件同时也给乳制品行业的公信力带来沉重的打击。乳业近十年几乎没有摆脱过负面形象。蒙牛与伊利的明争暗斗更是让消费者不禁问道：如今的市场怎么了？这已是远超于产品质量安全之上的问题了，怎样重建乳业企业的形象与商誉，将成为整个乳业长期的战略性问题。

另外，对于提供策划传播方案的公关公司而言，应该理性、客观地处理与企业的业务关系，特别是当企业方提出突破社会和行业道德底线的业务要求时，应该坚守作为公关从业者的操守规范，避免因为利益驱动而做出违法的事。

圣元跨越"三重门" 实现自我救赎

自从三聚氰胺事件后，食品安全危机事件层出不穷。最近，奶粉安全问题再次牵动公众神经。作为此次事件的主角，圣元奶粉——一个来自"山东青岛的美国大品牌"，被爆疑致性早熟，陷入"激素门"危机。随着媒体的跟踪报道，又揭露圣元奶源不实，而一篇"乌龙软文"更让其公关努力化为泡影。至此，"三重门"危机将圣元推至舆论的风口浪尖。

圣元三重门风波迭起

从"每天一杯奶可以强壮一个民族"到"把婴儿扼杀在摇篮里"，从"大头娃娃"事件到"三聚氰胺"事件，国人无不"谈奶色变"，奶粉的安全性令消费者心生恐惧。曾令无数中国年轻妈妈倍感温馨的圣元奶粉——"圣元优博，58种营养素，让妈妈的爱没有缺憾"却深陷"三重门"，饱受质疑。

"性早熟"病例频发 奶粉激素千夫所指

8月5日，《健康时报》以"女婴早熟谁之祸"为题报道了家住武汉三镇的三名女婴，因一直食用同一品牌奶粉，身体出现早熟特征，乳房开始发育，嫌疑直指圣元奶粉。

与此同时，有媒体相继报道称江西省奉新县10个月女婴、山东省临沂市8个月女婴出现早熟症状，另有广东湛江3个月男婴雌激素检测超标，他们均自出生就喝圣元奶粉。而在安徽、北京、江苏、河南、海南、云南、湖南等均发现类似病例。圣元“激素门”愈演愈烈。

从门户网站到报纸杂志，从论坛到博客，从网友言论到新闻专题，圣元奶粉“激素门”都是时下讨论的热点。在百度的搜索引擎关于圣元奶粉“激素门”的相关网页搜索量高达332000篇，根据百度对互联网用户的搜索监测显示，基于互联网的快速传播和传统媒体的跟进报道，圣元奶粉的“用户关注度”及“媒体关注度”突破近期的新高。

另外，在新浪网一项关于圣元“激素门”的小调查中显示，共有88865人参与投票，其中有高达74.6%的网友认为圣元奶粉不安全，89.8%的网友表示不会购买该品牌奶粉，即使在卫生部检测报告澄清圣元无罪之后，此调查结果数据依然不变。

“激素门”余波未了　奶源不实再起争议

圣元的“激素门”正闹得沸沸扬扬，“奶源门”事件又不期而至。

争议1：欧盟奶源还是新西兰奶源?

在圣元官方网站中，圣元优博的宣传语是“欧盟奶源安全品质”。企业声称，圣元优博精选来自欧盟纯净牧场的优质奶源。而在8月11日，经媒体报道揭露，圣元奶源地存在宣传误区，其进口奶源来自新西兰，而非其宣传的来自欧盟。随后，恒天然在其官网发布声明，称只是圣元原料奶粉的供应商，新西兰法律严格限制，激素不能用于奶牛，“恒天然100%相信自己产品的质量。”

争议2：100%纯进口还是国内奶源生产？

据《每日经济新闻》记者调查发现，目前在售的圣元婴儿配方奶粉有圣元优博婴儿配方奶粉、圣元优聪金装婴儿配方奶粉和圣元优聪金D100婴儿配方奶粉等系列，所有产品均标称“进口奶源”。但业内人士却提出质疑：既然有国内奶源地，却都说来自国外，那么国内奶源到底在做什么？

8月12日，圣元对媒体发表公开信，称名山产品系列奶粉来自黑龙江萝北地区，优聪、优博系列使用的全脂奶粉均来自新西兰Fonterra（恒天然），乳清粉来源于欧盟Eurosérum公司。

“公关阳谋”曝光　乌龙丑闻再袭圣元

“激素门”、“奶源门”门门精彩，但“乌龙软文”则令众人喷饭。有网友爆料：圣元公司涉嫌操作员工们以行业专家的名义，发布观点以证明圣元奶粉的安全性。该文章中赫然写着“请穆总再增加点可署名的专家观点，也请黄总增加些可署名的文献内容，证明奶粉安全性”等内容，舆论哗然。

当企业陷入危机后，进行媒体公关已是行业通用的处理手段。但圣元公司操作员工发布公关稿，则有误导公众、混淆视听之嫌。

圣元危机公关：从处处触雷到完美救赎

第一阶段：危机公关不当，圣元一败涂地

处于舆论漩涡当中的圣元，其前期的危机公关失策，导致收效甚微，媒体公众的质疑未获释怀，可谓一败涂地。在此次“三重门”危机处理中，圣元犯下了三个致命的错误：

第一，圣元的反应速度严重滞后，对于事件的严重性估计不足。自从出现第一例患儿投诉到媒体进行曝光，期间将近一个月时间正是危机酝酿期，倘若圣元及时采取有效措施进行危机预防和处理，及时消除危机隐患，绝不至于导致危机爆发而被动应对。

第二，对抗媒体的行为为圣元传递正面的信息造成阻碍。新闻媒体具有舆论监督、满足受众知情权的职责和义务，特别是公信力强的媒体，也是公众获取信息、影响公众认知的强力信息源。在"激素门"爆发后，圣元极力指责媒体"断章取义"报道不实，要起诉相关制造事端者，且欲状告凤凰卫视和凤凰台。此种对抗态度是非常不明智的，本身已经遭遇质量而引起的信任危机，如果还与公众心目中历来以公正客观报道而著称的凤凰卫视打官司，无疑又会陷入另外一个漩涡。

第三，圣元在公关过程中缺乏主动意识。危机公关处理的重要原则就是主动承担责任，企业必须以坦诚、积极的态度承担相应的责任，才能获得媒体和公众的谅解与支持，减缓危机事件的发展。圣元采取了一种轻慢的态度应对消费者的投诉，并且在整个过程中没有主动协助消费者进行健康检查，没有主动提起权威机构进行产品检测，没有主动对患儿赔付，这无疑会增强消费者对企业的不信任感。此外，圣元又邀请了"专家"发表意见，却闹出"乌龙软文"丑闻，信誉岌岌可危。

第二阶段：勇于面对，圣元进退有序

值得庆幸的是，圣元在后期的危机处理中积极应对，做出了大量的努力，在一定程度上消解了危机事件对企业的伤害。

首先，由圣元集团董事长张亮在其网站发布致消费者的公开信，向消费者道歉，并客观阐述了为何不将产品送往权威机构检测的原因。道歉，表明的是一种真诚态度。陷入危机中的企业，无论是否存在质量问题，及时道歉，都会给公众留下良好印象。

其次，由卫生部公布“圣元奶粉导致婴儿早熟”事件的调查结果，为圣元进行品牌证言：湖北儿童性早熟与圣元奶粉无关。作为第三方权威机构，卫生部的检测报告具有强大的说服力，实实在在的为圣元走出危机做了最好的背书，这也无疑给消费者服下了一颗定心丸，更是扭转了圣元被动应对的尴尬局面。

最后，圣元奶粉在第一时间回应卫生部的调查结果，对政府公布相关结果表示欢迎和感谢，并表示圣元将一如既往为广大消费者提供更加优质的服务。

第三阶段：设慈善基金，圣元实现自我救赎

为了重塑“以母婴营养与健康为核心使命”的企业形象，圣元公司决定立即设立一千万元专项慈善基金用于减少“性早熟”病患。同时公布了该专项基金具体的使用方向，并在其官网向社会公开该基金的实际使用和项目进展情况，包括具体实施内容、实际支出金额、合作单位、实施地点和时间，同时接受社会广大公众的监督。

至此，圣元奶粉已成功跨越“三重门”，而婴幼儿“性早熟”专项基金的设立，展现了其企业社会责任，为企业重树良好品牌形象奠定基础。但圣元还需要以更主动的姿态与消费者进行沟通，主动对患儿家庭进行安抚，展现企业的人道主义精神，方能最终赢回消费者和市场的信任。

城市形象+

City Image

中国企业舆论环境研究

RESEARCH ON PUBLIC OPINION OF CHINESE ENTERPRISE

城市形象更应“以民为本”

据《人民日报》报道，2010年8月揭晓的中国城市国际形象调查推选结果显示，有655个城市正计划“走向世界”，200多个地级市中有183个正在规划建设“国际大都市”。

这番壮观的城市大迁徙可谓蔚然壮观。为了尽快搭上城市化和工业化这趟“高铁”，在巨大经济利益的驱使下，“城市形象”实质已经演变成了以“拆迁工程、旧城改造、腾笼换鸟、产业基地”等为名的“土地财政”，万箭齐发的结果很可能又是一场可悲的“造城运动”：许多城市历史悠久的胎记不复存在，昔日安静恬淡的家园变的喧闹陌生，对“诗意栖居”的生活追求逐步让位于高房价的困扰和挣扎。

由于对塑造城市形象存在一定的误读，一些人认为“一句口号，一段宣传片，一场大型的商贸活动或者国际会议，一次重要的文化庆典”等构成了城市形象的核心。而不论从中外城市发展还是公关专业的角度看，我们都须让城市回归品牌的本质，城市精神或者价值观塑造才是一座城市形象的灵魂！

姑且不谈真假，曹操墓对安阳民风的塑造和提升究竟在哪里？电影《唐山大地震》对唐山人的精神遗产贡献何在？成功举办了世博会的上海，从内在气质上究竟发生了怎样的变化？可以说，一座城市内涵的变迁是缓慢的，甚至历经数代人的努力才能有所积淀，绝非短期的炒作而为。高大的楼房、宽阔的马路、先进的工业园、时髦的商业区，这些都可能一夜之间迅速完成，也可能一夜之间倒塌倾覆；但唯独城市的精神是不灭的、可以传承的。

一座庙宇之所以伟大，不是因为它的建筑本身，是因为其中居住过的“神灵”；一座城市之所以绵延数百、上千年，不是因为曾经的富有和名气，后人们记住的永远是先人们淳朴的故事和遗风。

“能攻心则反侧自消，自古知兵非好战；不审势即宽严皆误，后来治蜀要深思。”这是清代赵藩撰写成都武侯祠的“攻心”联，它是对“以民为本”理念的最好阐释,也是对城市形象建设者的最好鞭策。

点评专家:

马苏格，注意力公关顾问机构董事长、CEO，曾任著名媒体《南方周末》副总经理、《信息时报》副社长、上海《外滩画报》副社长等职务。现任中国国际公关协会公关公司工作委员会常委、副主任委员，注意力公关研究院院长。

安阳"曹操墓"是完美策划还是惊天骗局?

曹操墓激起全民考古热议

距今1800年的曹操，再度成为一个巨大的文化漩涡，将政府、学界乃至社会公众一并裹挟在内。曹操墓的发掘，让安阳这个城市赚尽了天下人的眼球，很多人借此开始了解安阳、关注安阳，曹操墓给安阳带来了空前巨大的知名度和对其历史文化的美誉度。

对于广大非专业考古人士来说，对盗墓的认识，大多来自于前两年红极一时的《鬼吹灯》、《盗墓笔记》等各类盗墓小说。随着"曹操墓"的发现，网上有"专业人士"发帖详细分析，指出曹操为"盗墓始祖"，更有网友热情地称曹操为"盗墓办公室主任"、"盗墓集团董事长"以及"盗墓祖师爷"。

2009岁末曹操大墓的考古发现，颇有些"惊世"、"惊诧"、"惊魂"的意味。这一年多来，与文物考古沾点边儿的、不怎么沾边儿的、或者希望沾点边儿的各色人等都表达了不同方式的关心。据《法制晚报》报道，一个心急的上海老头甚至在元旦跑到安阳，要认曹墓作祖墓。一些专家学者则公开表达质疑，认为河南省文物局专家的发布证据不足。而在网络上，质疑、恶搞之促狭机巧，令人兴叹，有网友甚至依样画葫芦地宣布：少林寺附近惊现孙悟空墓。

此次安阳曹操墓激发的考古潮，还引起了三大连锁效应。第一，重新认识曹操其人。第二，恶补“盗墓”知识。第三，网友推出不同版本的恶搞段子。可见安阳“曹操墓”激起全民考古热潮，其威力不可小觑。

“曹操墓”真假之辩　炒热了安阳?

曹操高陵的保护和利用，充满着新中国建国以来罕见的传奇性，发自多个学科的学术争鸣，源于不同利益群体的发展诉求，一场文化旅游领域的“吉利沃尔沃式”的项目大战，让安阳的知名度随着真假之辩不断上升。下面通过回放安阳的曹操墓事件，来剖析安阳的公关之道。

第一阶段：高声策略，权威证言

2009年12月27日，河南省文物局在京召开了安阳西高穴墓葬考古发现的新闻发布会，宣布安阳西高穴墓葬考古发现为“曹操高陵”。此高声策略之下，“曹操墓”便成为了社会公共事件。

随后，《香港文汇》报刊出的一篇署名“张敬伟”的文章指出，从墓志形式、出土文物、墓中骨骼看，已经形成了相对严密的逻辑链，此次发现是曹操高陵无疑。

三地争夺战中一直处于最下风的安徽亳州则迅速“倒戈”。出于希望能和安阳建立旅游方面的合作，共打“曹操牌”的动机，12月30日，亳州市派出考察组赴安阳现场察看，并称“基本可以断定这座曹操墓是真的”，这为扩大安阳曹操墓的影响加大砝码。

2010年1月11日，中国社会科学院考古研究所专家团一行12人赶赴河南省安阳市考察了西高穴“曹魏大墓”，并于13日在京举行的社科院第9届

"中国社科院考古学论坛"上，公布曹操墓入选2009年中国六大考古新发现。14日上午，中国社科院考古研究所举行"聚焦曹魏高陵"公共考古论坛，公开宣布"此墓的主人就是魏武帝曹操"。28日，国家文物局首次认可曹操墓认定程序。声势浩大的权威证言，为安阳"曹操墓"增强说服力、扩大可信度。

第二阶段：正反争议策略，聚焦效应

是曹操墓，还是周老虎？"曹操墓"在沉寂千年后骤然现世，一时间众说纷纭，莫衷一是。

6月12日，在中国迎来第五个"文化遗产日"之际，国家文物局公布了2009年度"全国十大考古新发现"，万众瞩目的河南安阳曹操高陵毫无悬念地名列其中，但有关曹操墓真伪的质疑和猜测仍没有就此平息。

6月14日，中国考古界权威、原中国考古学会理事长、80多岁的徐苹芳带头断定，西高穴大墓不可能是曹操墓。

据新华社8月10日电，河南省安阳县政府透露，曹操高陵临时展馆目前正在抓紧布展，预计将于9月初对外开放。

8月21日，在苏州召开的三国文化全国高层论上，全国23名专家质疑河南安阳曹操墓蓄意造假。与此同时，河南省文物局专家逐一驳斥曹操墓造假指责。

8月24日，社科院专家回应了相关质疑。国家文物局等有关单位称，到目前为止，质疑不会影响之前的官方认定。国家文物局有关人士透露，曹操墓已正式申请纳入国家级文保单位，正在等待评选。

9月4日，三国文化研究学者闫沛东首度出示曹操墓造假"铁证"——参与造假村民写的书面证明。

9月7日，虽然闫沛东仍叫嚣曹操墓开放时公布造假证据，剑指市领导。但此前被“铁证”点名的当事人为表“清白”，公布了16名参与曹操墓发掘的徐姓村民姓名，并表示愿意与闫沛东当面对质。

而在后来的12月3日，河北律师韩甫政与学者倪方六、吴锐、张国安等共8人，采取联合署名的方式，向监察部发出《检举书》，检举“河南省文物局在安阳西高穴墓葬考古发现的文物认定过程中，存在严重违反行政纪律的行为”，并请求重新认定。

总括而言，反方的观点主要集中在七大质疑，包括石牌来自盗墓分子；曹操从不称“魏武王”；墓室朝向何方；墓葬不得有老婆相伴；为何墓内没有机关；曹操墓穴为何会在古邺城；墓内为何没有墓志铭？正方针对此七大质疑，也提出相应的七大回应，分别是：亲手发掘魏武王石牌；汉献帝追谥他为魏武王；骸骨头正朝向曹操老家；不是皇后应是侍卫和侍女；大多数古墓中没有机关；曹操一生主要政治活动集中在邺城；东汉同时期墓穴均无墓志铭。

不过，对于这座以文化旅游业为重点产业，曾因殷墟和甲骨文名闻天下的豫北第一城来说，能又一次让全国各界聚焦安阳，成为热点中的热点，本身就是件好事。如此一来一往的正反方争议，在很长一段时间中，安阳持续成为全民关注的最热点，极大地提高了安阳的知名度。

第三阶段：官方定论，沉默螺旋

9月16日，“2010中国·安阳殷商文化旅游节”如期开幕。在开幕式上，安阳市委宣传部副部长、外宣办主任冀晓东回应了传得沸沸扬扬的曹操墓真假之争：坚信专家判断，曹操墓就在安阳。这是安阳官员首度就曹操墓争议作出正面回应。

原定于9月16日在曹操高陵举办的庚寅年曹操诞辰1855周年纪念大典，已经取消。

9月17日至19日，由中国社科院考古所、河南省文物局等联合主办的"汉代城市和聚落考古与汉文化国际学术研讨会"在安阳市内黄县召开。18位专家、学者力挺曹操墓是真的，同时，三地争夺战中的河北邯郸磁县表示不参与曹操墓之争。

9月28日，曹操高陵因施工延误推迟开放。

10月25日，社科院考古所长将赴日就曹操墓发表演讲。28日，中国社科院历史所研究员、古文字专家王宇信作客《中国新闻网》视频访谈时表示，从出土文物等各方面因素来看，河南安阳西高穴的大墓，墓主只可能是曹操。

12月4日，社科院考古所专家批驳四种曹操墓造假说法。7日，河南文物局回应遭实名举报称曹操墓认定合法规。同月，《曹操高陵考古发现与研究》由文物出版社出版，该书由河南省文物考古研究所编辑。

12月27日，安阳"曹操高陵"考古发现公布一周年之际，由中国文化遗产研究院、河南省文物局主持的"曹操高陵保护方案专家座谈会"在安阳举行，标志着曹操高陵全面保护工作正式启动。

可见，在社科院的官方认定之下，质疑声浪逐渐削弱、沉默，让舆论的焦点主要集中在安阳曹操墓的新动态和活动上。

近年来，旅游营销愈演愈烈，宜春"叫春"的城市口号，张家界的"哈利路亚山"等，无不引爆了国内舆论关注。而曹操高陵，因为帝王陵独特的遗产地位和开发价值，将旅游营销推向了新的极致高度，成为我国帝王陵中曝光率最大、知名度最广泛，茶余饭后，坊间热议，远远超过了其他重点开发的帝王陵。

透析安阳“三阳开泰”的城市营销战略

文化是城市的灵魂，是城市发展的脉络。通过安阳对曹操墓这张历史名片的挖掘，我们可以看到安阳市整体的城市营销发展战略。

安阳已经有3300多年的历史，除了新近发掘的曹操墓，安阳还是中国八大古都之一，是甲骨文的故乡，《周易》的发源地，拥有世界文化遗产殷墟以及世界上唯一的文字博物馆——中国文字博物馆，安阳还有代表着特殊时代精神的红旗渠。

为此，安阳确立了山水安阳、文化安阳、历史安阳的“三阳开泰”旅游发展战略，努力建成了“中部盛名、全国著名、世界闻名”的文化旅游强市。安阳是全国优秀旅游城市，历史文化方面的旅游资源相当丰富，但拥有旅游资源毕竟不等于能成功发展旅游产业，必须增添新的思路，新的策略。

回归城市形象原点——诚信

尽管安阳借助曹操墓赚足了眼球，尽管这场争议对安阳的品牌知名度提升产生极大作用，但一切的营销必须回到原点，诚信才是形象的根基，若安阳以诚信为基石，那么“曹操墓”将会是一场完美的策划，否则，就是一个惊天骗局，这将会严重透支安阳的城市信誉，伤害到安阳的城市品牌形象。

随着曹操墓的挖掘和出土文物的论证认知，我们期待新的有价值的考古发现、DNA鉴定报告来佐证“曹操墓”真伪，那么关于曹操墓的众多猜测和未解之谜，自然会逐一揭开。

实际上，我们可以看到，近年来各地围绕类似名人故里之争屡屡上演。

据不完全统计，自2000年以来全国见诸媒体的名人故里之争就有上百起。四川江油和湖北安陆争夺李白故里；河北丰润、辽宁辽阳和铁岭、江西武阳三地争夺曹雪芹故里；河北临城、正定两地争夺赵云故里；重庆奉节和四川彭山争夺刘备故里；湖北襄樊和河南南阳争夺诸葛亮故里；陕西宝鸡和山西高平争夺炎帝故里；安徽涡阳、河南鹿邑、甘肃临洮争夺老子故里；安徽凤阳、滁州和江苏盱眙争夺朱元璋故里。更不可思议的是，西门庆这个一向以“大淫贼、大恶霸、大奸商”的艺术形象著称于世的虚构人物，竟然也有山东阳谷、临清和安徽黄山三地争夺。总之，帝王将相、文人墨客、才子佳人，只要有点名气，都在争抢之列。

在经济社会之下，一些地方为了挖掘本地历史文化内涵，提升其经济社会价值，以此拉动本地GDP，本无可厚非，但打着历史与文化名人的旗号，一味追求经济和社会效益，失真地去挖掘历史文化，这不仅是对历史的不尊重，也是对学术的亵渎。事实表明，只有尊重历史，尊重事实，用科学严谨、实事求是的态度，对待古文化，才能让历史古迹焕发出时代生机，变城市营销为完美策划。否则，扭曲历史，有违真实地争夺名人来进行城市营销，将会带来严重打击，得不偿失。

国际城市营销更注重系统性规划

从全球范围看，城市营销是一个专业、系统的规划，而不能单纯界定为事件营销，只是大多数的城市营销会通过事件营销来发挥注意力经济效应，助推城市营销的进程。而国际上的城市营销则更为专业系统，值得我们借鉴，下面以作为这其中的两大标杆 —— 伦敦和迪拜，进行城市营销的浅析。

伦敦：领导型城市旅游营销之品牌制胜

伦敦，作为国际化大都市，它以悠久的历史、斑斓的色彩、雄伟的风姿屹立于世界名城之林，汇聚了全球文化的精粹，每年吸引1500万世界游客。然而，面临巴黎、巴塞罗那等一些欧洲城市的迅速崛起，纽约、悉尼、新加坡等旅游名城的冲击，伦敦世界级城市的地位受到很大威胁。加上全球金融危机、世界经济形势恶化，伦敦作为世界金融中心、欧洲商务中心的影响力不断下降。在这种形势下，伦敦加强了城市旅游品牌整合塑造，树立“开放、迷人、自信和动力无限”的城市形象。以成功申办2012夏季奥运会为契机，战胜纽约、巴黎等超重量级对手，重新聚焦世界的目光，打造以旅游、商业、体育、文化以及教育业为基础的综合性城市品牌。

首先，建立有效的目的地品牌统合传播机构。伦敦品牌机构由市长办公室直接管辖，居于伦敦市政府决策的领导层，参与伦敦市政府所有对外活动的策划与实施，从而保证了伦敦的每一次公关活动都有统一的形象和声音，以建立连续一致的品牌形象。

其次，政府主导下以城市为整体吸引物的宣传推广。伦敦政府的每一个外事活动都是伦敦市政府不遗余力地宣传伦敦的机会。伦敦市长每年都要安排出访计划，以宣传推广伦敦。如2006年4月9日至14日，伦敦市长肯·利文斯通带队70人访问北京、上海，推广伦敦城市品牌，让北京、上海等地下起了“伦敦雨”，取得了良好而持续的宣传效果。又如北京奥运会期间设在北京的“伦敦小屋”，成为一流的奥运展示场所，推出了“伦敦标志”展等3项活动，吸引了大量媒体记者前往报道。伦敦市长挂帅的新形象攻势跨越广告、电影、教育和法律等各个领域，还借助了温哥华冬季奥运会，以及随后的上海世博会和广州亚运会等国际场合大张旗鼓地进行宣传。

此外，伦敦积极开展主题品牌指导下的城区改造，举办丰富的主题节目活动展示都市活力，伦敦市政府成立了专门的节目活动工作组，以争取更多国际重大活动在伦敦举行，同时统筹伦敦现有节目活动。并注重重执世界旅游品牌城市，世界将伦敦视为金融、时尚和音乐之都，其多元化的人口构成，带来多元化的文化风格。伦敦作为世界卓越的创意和文化中心，不仅营造了良好的人居条件，更是世界游客向往的旅游胜地，经济危机也不能改变伦敦作为各国企业拓展国际市场的平台。

2007年，伦敦蝉联全球城市国际品牌形象调查第一名，击败巴黎、纽约成为第一个获得三届奥运会举办权的城市，伦敦焕发出发达城市历史弥新的活力和生机，再次聚集了世界人气，树立了世界级城市的特色形象。

迪拜：追赶型城市旅游营销之精准定位

任何成功的产品和企业的营销策略都是针对明确的目标市场或消费群体展开的，城市旅游营销也不例外。在中东沙漠中迅速崛起的迪拜可谓是城市发展历史上的“人间奇迹”。尽管天然环境不好，靠近沙漠且气候炎热，但迪拜从产业链高端做起，直接进入高端服务业经济，在沙漠中建立起一座闻名世界的国际化高端服务之城，自然也成为高端市场中游客为之向往的旅游胜地。

迪拜的城市规划起点很高，建设标准堪称为全球第一。全球唯一的七星级酒店 —— 帆船酒店、世界上最大的人工海岛 —— 棕榈岛、未来世界最高建筑—— 迪拜塔、在建的世界最大的国际机场 —— 阿勒马克图姆国际机场，这些建筑景观在世界范围内为迪拜聚焦了极高的人气和声誉，各国旅游者都以去过迪拜为荣。另外，加上财富效应和创造性，迪拜人已经把城市打造为世界上顶级的旅游城市和奢华消费场所，为高端旅游消费者提供了个性化、多样化、贵族化的旅游服务和产品，满足人们对精致与时尚的追求。

第一，独特性强的旅游吸引物。迪拜对人造景观的巨大投资和创意成为其差异于一般3S旅游度假目的地的特色。第二，个性贵族化的接待服务业。世界认识迪拜是从帆船酒店开始的，2005年网球名将阿加西与费德勒在帆船饭店顶楼的停机坪举行友谊赛，高价邀请高尔夫球天王老虎伍兹站在帆船饭店顶楼的停机坪上潇洒挥杆，相关报道传遍全世界。开放与优惠的政治吸引着世界众多知名酒店集团与本地财团抢滩兴建高级酒店。第三，高端舒适的购物环境。迪拜盖了47家风格迥然的购物中心，使消费者在历史与现代交融的文化氛围中获得移步换景般的独特购物体验。第四，便捷奢华的航空服务。第五，中立安全的城市环境。

迪拜是城市旅游业与时尚奢侈品相结合的产物，她的风情、美丽、安全、自由和包容吸引了全世界的旅游者，许多世界名人纷纷在迪拜置业居住。从一开始便定位于“奢侈”，通过瞄准欧美和中东地区高端旅游市场，大规模兴建集观光、会展、休闲、美食、购物、演艺、运动等功能于一体的旅游综合体，迪拜实现了旅游业无中生有式的跨越式发展。

从《唐山大地震》看唐山城市营销

近些年，城市营销逐渐进入了人们的视野，在营销的广阔天地里打开了一片新的世界。它带给人们一个产品更加复杂，更需要系统规划的品类，而这个品类的产品除了传播可以有宽泛的载体选择之外，并没有自己的“渠道”，它赖以成功的要素在于“品牌驱动”。

然而，也正由于其产品的相对独特性，也可以说是一个非常复合型的产品，要准确的把握其产品特征、选择合适的传播载体、以正确的形式打造品牌形象就成为更加有挑战的课题。

中国城市营销的“躁动”

从昆明打了“天天是春天”的广告之后，除了提炼精准与否都用一句话进行传播的广告外，城市营销的热闹充满了看点：山寨版的世博中国馆所带来的话题效应背后对当地政府花纳税人钱的质疑、各地争夺各种各样死人名背后的虚无和匮乏、用谐音哗众取宠的什么春的城市……然而由于没有系统性、目标不清晰而鲜有成效，赔钱不赚吆喝，还有被人指责的风险，它们都不能成为营销、传播学上有价值的借鉴。

另外还有一些处于不同阶段的具有一定优点的城市营销模式如：命名—— 从历史人物、近当代名人、影视剧作品里出现的信息、或者搜索出城市的某些特点和数字等给城市取个别名，如花城、绿城、聂耳之乡、龙都、茶都等等；节庆节会营销——各种文化节、旅游节、展销会，以经济和文化的融合进行传播，如广交会、彩灯节、三月节、茶博会、瓷博会等；节目营销——如各地邀请中央电视台的《同一首歌》走进去，通过该节目在全国的播放提高影响力等。这些形式或多或少都会产生一定的效应，而关键是要长期持续地去传播一个特点才行，而在这些模式背后，同质化也已经越来越严重了。

《唐山大地震》：推高影视植入式营销热潮

在这样的背景下，影视作品成了城市营销课题下一条看上去很美的路：《乔家大院》传递的以乔致庸为代表的晋商以及其背后的山西文化、《一米阳光》所描述的美丽休闲丽江、《非诚勿扰》里的湿地……然而，它们所传递的，都是零散的痕迹，对某个具体城市的知名度、美誉度和联想也难以有可感知的效果，投入产出比也难以量化，直到2010年《唐山大地震》的来临。

伴随着《唐山大地震》出现的，不仅是当年的地震，还有新唐山以及唐山人的精神，更是6亿票房后的高知名度和关注度。唐山，这个在当年地震后逐渐淡出人们视线的北方重工业城市以声色俱佳的形象重新回到了人们的眼前。一时之间，《唐山大地震》成为了城市营销在借力电影方面的典范。那么，就让我们一起来回顾一下这个案例的始末。

1976年的凌晨，唐山，一座上百万人口的工业城市，在一场没有预报的特大地震中夷成废墟。682267间民用建筑中有656136间倒塌和受到严重破坏，地震罹难场面惨烈到极点，为世界罕见。

尔后，骤然回到原始时代的唐山市，人们在简易城市里居住了十年，而就是在简易房里人们开始了唐山的重建。

1990年11月，唐山市政府因为震后重建工作而获得了联合国人居奖。

然而，唐山在全国人民脑海中的印象仍然只有那场地震，关于它后来的重建等业绩，基本上没有印象。

2007年底，刚上任的唐山市委书记赵勇提出，唐山的文化建设与唐山的经济建设不匹配，必须要有一个在全国打得响的产品。此后，赵勇主持重点推动了一项新工作：由市政府投资一部以唐山大地震为背景，表现唐山人民精神风貌的电影，把唐山的新形象展现给世人。经过商讨，唐山市“做一部主旋律的唐山大地震的电影项目”上报到国家广电总局并得到有关领导的全力支持，当时该项目还被列入建国60周年献礼影片之一。国家广电总局电影局副局长张宏森给出了三个投资标准建议：一种是参照《云水谣》，投资在5000万，票房不求，但能赢得口碑；一种是参照《集结号》，投资在1.2亿，能够双赢；一种是参照《后天》、《赤壁》，总投资在3亿，能够拿到世界市场上去。最后唐山市政府选择了1.2亿的投资拍摄《唐山大地震》，定位是30%～40%的城市居民会看影片，70%的城市会知道这部影片。在国内产生这样的影响力正是唐山市政府最初的考虑。最终，在《唐山大地震》1.2亿元的投资额度中，唐山市政府出资6000万元成为最大股东。唐山市政府早在2007年底就已经明确了《唐山大地震》的拍摄计划，2008年因为发生汶川特大地震搁置了一段时间。从2008年秋天开始，唐山广电和宣传部门的领导在电影局的介绍下，和韩三平、冯小刚以及华谊兄弟领导层见面，确立了以“一个遭遇地震的普通家庭浓缩千万个家庭情感故事的电影”的影片总体架构，该项目正式进入实施阶段。

在片子拍摄过程中，唐山市政府都是积极主动的。市委市政府领导会跟进剧情和调性，而在片名的选择上，唐山市政府明确提出要叫《唐山大地震》，而非制片方提出的《余震》或者《大地震》。

5月25日，在影片公映前，唐山市专门召开了对外宣传工作调度会。唐山市宣传部专门组建了一支策划队伍，筹划了包括首映礼、城市宣传片、跟片广告在内的系列规划。

7月12日，影片《唐山大地震》全球首映式在唐山举行。首映期间，唐山市召集了各个层次的观影专场和影片研讨会，深入探讨如何利用电影热映将“新唐山人文精神”发扬光大。对借助电影深度宣传、深度展示唐山进行了详细策划。

7月26日，唐山市委市政府向全体市民发出倡议：以《唐山大地震》影片在全球公映为契机，深入开展一场弘扬“新唐山人文精神”的大讨论。

7月28日，唐山抗震34周年纪念日当天，唐山市委市政府还特邀王石、王鲁湘、田华、宋春丽、陈铎等一批文化名人，加入到“新唐山人文精神”大讨论的行列。与此同时，还开展了纪念唐山抗震34周年文艺晚会、“影像：让世界瞩目唐山”的摄影展等试图整合的活动。该片正同期在全国热映，迎来一波又一波的眼泪和票房。

《唐山大地震》：营销得与失

而唐山政府之前在城市营销上也做了很多的努力，甚至地震的题材也用过。此前唐山城市营销的主要举措在节庆会展领域。比如中国陶瓷博览会和评剧艺术节的举办，以及作为评剧艺术的发源地从2000年开始与河北省文化厅、国家文化部艺术司连续三届举办的中国评剧艺术节，还有与央视联合的第二届国际幽默大汇演、欢乐中国行、中华情等等，然而这些活动的影响力难以形成聚合效应。

大地震的题材，也曾通过1986年钱刚的报告文学、20集的电视连续剧进行过文化传播，中央电视台《讲述》栏目也在唐山抗震30周年之际推出特别节目《唐山1976》，《燕赵都市报》推出了超过150个版面，连续三个月的大型报道，并携手新浪网联合全国14家主流都市报在全国范围内发起“唐山寻亲 —— 寻找30年前废墟上的感动”等等，而这些都没有在全国范围内形成强大的声音。

尽管在热映的电影背后也有对广告植入的指摘，然而就唐山凭借《唐山大地震》而获得的营销业绩却是有口皆碑的，尽管不能算完美，却也多有建树：

第一，唐山的知名度获得了巨大的提升。唐山市政府在片名上的要求，使这部电影不再遮遮掩掩地植入唐山，而是旗帜鲜明的将唐山作为了主角。所有的电影推广，以及对该片的评述，无论是电影海报还是口碑，都会将唐山这个“品牌名”不断地露出，所以才获得了高强度的知名度。据称，凭借《唐山大地震》，外界对唐山的关注度提高了65%以上。

第二，电影植入模式的创新。唐山市政府实现了政府投资电影定位的转换，由以前的电影赞助商变成投资商的角色，《唐山大地震》也被舆论定义为是唐山市政府的“定制电影”。《唐山大地震》制片人、唐山电视台对外部主任姚建国表示，影片不能偏离政府调性。政府绝对控股就是为了保证话语权，不至于让片子拍得偏离主旋律，偏离唐山城市形象宣传的轨道。

第三，投资模式实现了公私协同。与纯粹的政府投资不同的是，唐山市采取了政府主导、推动，通过唐山广电传媒有限公司筹措资金作为投资主体，各方扶持，进而形成城市资本的形式与其他投资方进行合作，降低了政府投资风险，扩大了利益共同体，受益回报主体清晰。

第四，单纯的政府传播与商业相结合。整个项目，由于商业模式清晰，不仅实现了政府的传播目的，还使政府这一投资主体获得了商业回报，这对于纳税的百姓来讲，不仅没有任何负面的情绪，还会增强对政府的信任。

第五，实现了历史跨度，展现了城市发展的业绩。透过电影，将城市30年的建设成果透过镜头切换，伴随着从废墟到1986年的电话、小小的电冰箱，新盖的百货大楼，再到1995年处处可见的高楼大厦以及2008年的繁华都市进行了演绎，将唐山震后重建的成果展示给所有观众。而衔接是自然的、合乎情节的，也是符合人性的，这是效果较好的植入。

第六，传递了唐山精神。剧中人物团结、爱家乡、懂得感恩的精神得到了诠释，提升了当地市民的自豪感和归属感，同时对当地人文气息的演绎使当地投资环境令外界更有信心。

第七，以文化创意产业为城市营销的引擎，这是非常值得称道的，也符合在大竞争时代下的城市品牌构建之道。

在这些令人称道的成功点背后，对本案不足之处，我们也进行了思考：

关注度高，但没有形成可持续的传播点。这个热闹到底提供了唐山什么鲜明的烙印，有没有可以通过语言去传播的点？本质上，画面尽管可能会打动人，但最后有传播力的还是那些能被提炼成文字的语言。这一点，在该片中没有提及。这也是当我们在运用电影等音像作品来承载品牌时要注意的问题。

唐山的定位和愿景是什么？在影片中，有了一定的形象展示。但不足的是，这样的镜头，它所传递的信息，换成任何一个时代变迁的背景都是合适的，在这样的信息背后，除了说到百货大楼和他们家位置的关系外，没有文化的延续，没有理念的传承，或者说，那些影像，没有唐山的烙印——她适合旅游？适合居住？适合投资建设发展事业？可以说，都有隐性的传递，但并不清晰。

城市品牌化的过程，需要三个维度：其一是内部维度，包括规划组织和远景、组织协调和领导力。唐山市政府的领导对要在经济建设的同时发展远远落后的文化这一决心是清晰的，并且在本案中协调了包括广电集团等内部资源，算是确保成功的一个基础。其二是辅助维度，包括对全球市场的把握和研究，而本片所选择的题材和编剧所涉及的领域都是能传递出城市品牌差异化的。其三是方法与能力，本案的资金来源、实施植入、对导演等的综合协调所表现出的组织能力也是推动成功的关键。但没有形成固定的后续运作班子、搭建战略性的平台和方向，令后续的传播、品牌建设的指向不清晰。

城市的调性如何？从正面来看，通过当年的大地震描述了一个家庭的感性部分，也同时加强了感伤的联系。

目标市场不明确也是目前唐山所需要再次审视的。城市营销也同于一般的产品营销，自有其产品特征、目标市场等。而城市的市场由游客、居民和雇员、工商业等组成。在《唐山大地震》播出后，唐山市民的归属感和荣誉感有不同程度的提升，觉得自己是唐山人而感到自豪，这也是文化营销的优势。而想通过一部片子解决所有问题本身也是不现实的，所以，对于它未清晰地结合目标市场而有意识的传递自己的产品特征是可以理解的。但对于整体城市营销来讲，明确清晰的市场细分和定位也是必须的。

研究城市发展阶段、充分了解自身、持续强化优势是进一步的课题。《唐山大地震》的上映之于唐山市，相当于一个城市的事件活动，而该片的系列推广就相当于一个文案为“唐山”的广告到处传播，这颇似城市营销的第二个阶段：注重城市广告和事件活动但整合性战略规划不够。这就像了解其他消费品等的生命周期一样，需要就城市发展的各个阶段进行深入的剖析，从而找到一条适合的道路。那么，如何了解城市的特点，清晰的把握各个阶段的特征并选择合适的道路是“做正确的事”所必须的。

总之，面对唐山城市营销阶段性通过《唐山大地震》所取得的成功，我们需要思考在其高热度后的后续品牌战略跟进是什么？如何增强唐山城市品牌的吸引力、关注度和品牌独特性？如何传递其文化包容性？有没有系统的品牌规划和管理体系？另外，在公共服务、人居建设、旅游建设上是否有创新性的建设？如何持续与公众沟通？网络营销要如何系统展开？这是未来的唐山需要理性思考和系统规划的，也是城市营销必须要考量的战略体系。

结语

当前，城市推广的空前需求和电影的热潮结合，使电影成为城市推广的热门媒介。尤其是知名导演的作品，以及重要的历史题材作品，成为城市竞相争夺的推广平台。唐山市政府斥巨资组织拍摄《唐山大地震》，通过城市与电影的结合，不仅成功的完成了一次商业资本和政府资本的合作，更重要的是通过电影宣传了唐山的城市形象，推广了唐山人的精神风貌。通过电影刷新城市品牌形象，并在其中看到了整合的影子。尽管战略的系统规划性还有很长的路要走，但唐山市借助电影宣传平台吸引目光，进而利用城市建设成就留住投资者的做法，体现了城市营销观念的进步，值得其他城市借鉴。

正如由刘彦平先生主编的《中国城市营销发展报告》所谈到的一样：城市营销的努力正是通过优化、提升城市的软硬环境及相关服务，发掘和创新城市的独特性盈利，来满足市民、投资者、旅游者、企业等城市顾客的生活和工作需求、创业和投资需求、旅游和休闲需求以及企业发展和扩张的需求等，进而梳理城市整良好的形象，提升城市的核心竞争力，并达成城市营销的终极目标：实现或提升公民价值，为目标市场的受众谋福利，使城市真正的让生活变得更美好。

我们期待着中国城市营销的进程迈向新的领域，涌现出更多经典案例。

2010上海世博会：
打造上海国际大都市的品牌名片

世博会不仅仅对上海市是一次千载难逢的全球城市营销机会，在更大意义上是一次国家公关的机会。但本文主要探讨的是世博会对于上海城市形象塑造的意义所在。

上海在20世纪30年代就有“东方巴黎”的美称，如今又以“东方明珠”享誉世界。上海是我国最大的商业、金融中心，也是西太平洋地区重要的国际港口城市。作为长江三角洲的中心城市，上海兼容并包的海派风格引领着时代的潮流，尽显时尚之都的繁华本色。同时，显示出其对周边城市强大的辐射力。改革开放后，以上海为中心形成了举世瞩目的“长三角城市群”。

2010年世博会花落上海，助推上海各方面的发展，各种新的发展机遇便随之步入，形成世博经济重要的战略机遇期。世博会作为世界经济和科学技术界的奥林匹克盛会，是一项由主办国政府组织或政府委托有关部门承办的有较大影响和悠久历史的全球性展览会。主办国可以把自己的产品和技术推向国际市场，发展国际贸易和技术合作，寻求更大发展；可以扩大国际交往，提高主办国的国际地位和声望；可以开阔眼界，学习别国的先进技术，拓展本国的创造途径；可以带动、促进城市建设和社会经济的发展；可以借举办世博会的商业机会获得较好的经济效益。

世博会的上海城市形象塑造机遇

上海世博会会期184天，吸引200多个国家和国际组织参展，参观者达到7000万人，它无疑为塑造上海国际大都市形象提供了绝佳机遇。世博会将给上海基础设施建设、产业结构升级和经济增长带来巨大机遇。

世博会的“聚媒效应”给上海带来持续性的全球关注。作为全球三大盛会之一，世博会本身就是全球性媒介事件，具有很强的“聚媒效应”，主办城市在申办世博会、筹办世博会、举办世博会以及后世博期间，都将吸引全球媒体的关注，成为大众瞩目的焦点。

上海筹办世博会的过程，也正是城市形象频繁亮相国际国内舞台，推广城市品牌，提升城市知名度的过程。向国外政府以及国际组织的沟通和推介过程，正是上海向国外精英阶层充分展示上海魅力的过程；在与国内各省市，尤其是长三角地区城市合作办博的过程，也是上海赢得国内精英阶层支持的过程；同时，在海内外巡展与推介、以及世博会进校园过程中，上海的城市形象也得到极大的提升。

上海世博会的主题是“城市，让生活更美好”，这是向世人充分展示上海的城市发展理念和实践绝佳舞台，展现上海“海纳百川”的特质和文化多元化，展现一个国际化的新上海形象，以“世界眼光”形成引领未来城市发展的共识，加深国内外公众对上海的认识并增进友谊。

世博会的文化艺术物质将极大提高市民素质。世博会主题与分主题的成功演绎将对海内外的大众起到很好的教育和启蒙作用；同时，文化交流活动的成功举行也将加深各文化人群之间的沟通，带来理解与宽容。

全国办博将加速上海城市形象的提升。世博会是我国继奥运会后举办的又一国际盛事，“举全国之力，集世界智慧、办世界博览”是党中央、国务院对上海世博会筹办工作的要求。无论是在国家层面，兄弟省市层面，还是大众层面，上海世博会都将得到广泛的支持，而这对上海城市形象的提升无疑会起到“加速器”的作用。

上海世博会首创性地引入“网上世博”的创意理念，网上世博会是实体世博会的延伸和补充，它将利用无国界、无时限的互联网优势，为世博会的宣传推介和世博会理念的传播发挥强有力的推动作用，进而推动上海城市形象在虚拟空间的传播。

上海世博会营销模式分析

2010年上海世博会的营销模式是通过网络等高科技手段,在政府、社会组织、企业和公众之间实现无障碍沟通和协调,让各方面的积极性和优势都得以充分发挥,达到各个利益团体和公众的多赢。

1. 政府的作为

2010年上海世博会的推广和营销，离不开从中央政府到各级地方政府的领导和支持。政府发挥了行政引导和协调功能，通过授权、优惠政策以及相应的财政政策，支持和促进上海世博会的营销，同时通过市场化运作发挥各要素的效用。上海市设立了世博集团来统筹世博会的筹备和举行。世博集团的国内推广事业部借助国内的分支机构或代理商，负责国内市场的推广和营销；国际部则针对海外市场，借助一定的代理机构，并同时把我国驻外机构及外国驻华机构也纳入到上海世博会的营销队伍中，通过营销主体无障碍地实现地域上的大市场营销。

2．世博会的战略营销模式分析

世博会的战略营销就是，组织政府、国际团体、国内社会团体、行业协会等机构对世博会进行一种广泛意义上的探讨与研究，包括对于整个世博会的运营进行具体的规划。这样，一方面是为世博会的举办集思广益，另一方面也从多维、立体的角度为世博会项目作推介。

（1）明确的营销主题定位:“城市，让生活更美好”

目前，世界人口的50 %生活在城市。据联合国人居中心预测，到2010年，这个比例将上升到55 %，2025年将达到65 %。随着城市人口的迅速增长，日趋严重的城市病正困扰着世界各地的城市居民。如何治理城市弊病、如何改善城市生活质量、如何创立更多的就业机会等问题是现代城市人所共同关心的。同时，一些城市发展的先进理念，如生态型城市、可持续发展城市、数字化城市等，也广受关注。2010年上海世博会的主题“Better City , Better Life（城市，让生活更美好）”，正是全世界都在热切关注的话题，因此赢得了广泛的理解和支持。

（2）更广泛的客源市场

上海市政府承诺，2010 年上海世博会将是一次参与人数多、沟通领域广、文化特色浓的世博会，预计将总投资30 亿美元，吸引7000万人次前来参观。这充分表明了上海市举办世博会的信心和能力。另外，中国政府承诺，在2010年将对经济实力较弱的发展中国家提供1亿美元的参展援助，采取各项措施降低欠发达国家的参展费用，如设立专项基金、无偿提供展览场地、免费运输等。这样，就为上海吸引更多的客源。由于中国申博成功，渴望了解上海世博会的人会越来越多。

（3）细化及确定营销计划

上海世博会深入研究了全国各地公众与企业的特性，设计区域性的传播与推广方式，并予以细化。世博品牌的传播与推广是一项常态性工作。帮助公众和企业了解世博，需经过长期的、多渠道的宣传。然而，在不同的筹办阶段，上海世博会均有所侧重。在上海世博会的筹备期中，市场营销计划分为三个阶段：第一阶段是从2003年到2005年，目标是让国际社会、国内外企业、民众进一步了解上海世博会；第二阶段是从2005年到2008年，目标是推动招商、招展和引资工作；第三阶段是从2008年到2010年，目标是吸引、组织更多的游客。在这6年中，各相关媒体除了日常的宣传外，还辟出相对固定的版面和时段，形成稳定的传播渠道。

在信息时代的今天，媒体已介入了每一个人的生活。传统媒体、门户网络、广告宣传都举足轻重。广告宣传业已成为营销的常规途径，而传媒业以新闻形式发布的消息，具有可信度高、成本低的特点。媒体以积极的态度进行深入、广泛的宣传报道和广告宣传，很好地发挥正面的推动作用。因此，在营销中，上海世博会非常注重与各类媒体密切配合，运用多种营销手段，争取达到最好效果。

（4）公众的参与

公众是世博会营销的对象，换句话说，营销的目的就是希望国内外公众的广泛参与。这里所说公众既包括个人，也包括组织、团体。大众普及，是世博品牌经营的市场基础，也是世博会营销最艰巨的一部分。2010上海世博会的传播与推广效果的考核标准可概括为“广泛性”：有多少人了解它、公众对它的关心程度、它与公众的关联度有多高、公众参与其中的意愿有多强，等等。在大众层面，上海世博会不间断地宣传世博的理念、意义和作用；及时发布上海世博会的各种信息；结合标识确定、场馆设计和施工等重要时间节点；掀起宣传热潮；设计和组织知识竞赛、有奖征文等互动式活动，调动各界关注和参与的热情。

在企业层面，上海世博会则借助媒体调动其参与国际化和商业性活动的热情。有针对性地进行专场、专题甚至点对点的推广，以实证和数据吸引他们加入世博品牌的开发与经营，变“要我参与”为“我要参与”。

上海城市营销的“世博效应”

上海的城市形象建设与营销的关键在于如何准确把握自身特色和定位，在持续的对外交流沟通中发掘城市优势，并设法将优势转化为受众的认知。“城市，让生活更美好”，2010年上海世博会是城市营销的一个难得契机，也是上海加强城市建设，优化经济、科技、社会与文化发展，进而塑造大上海城市品牌的绝佳机会。

以“城市，让生活更美好”为主题的2010年世博会是上海实现科学发展的重要契机，是上海构建和谐社会的重要举措，也是上海今后一个时期发展的重要推动力。为了打造上海世博会的全球品牌，上海世博会的文化营销并不仅仅是为了推销“2010年上海世博会”这一阶段性产品，更重要的是，以上海世博会文化营销为杠杆，撬动上海的“软实力”。上海通过完善的基础设施建设打造了良好的城市生活环境，为城市形象建设提供了坚实的经济社会基础。

上海世博会促进上海乃至全国的经济和就业增长。世博会的举办在一定程度上推动我国特别是主办城市上海及其周边地区的经济发展和就业增长。据统计，上海世博会在筹办期间，平均每年对上海GDP增长的拉动约为2%；世博会举办期间，直接带动房地产和旅游等相关产业的发展，帮助上海GDP增长5%。此外，上海世博会在管理、经营、安全保卫和文化娱乐领域创造22万—25万个就业机会。

上海世博会推动长三角地区及沿长江流域的经济一体化进程。从历史上来看，举办世博会能推动以举办城市为核心的经济圈的形成。上海世博会有助于以上海为核心的长三角区及沿长江流域的经济一体化进程，并形成资本、人才、信息等资源汇聚，不断输出服务和品牌。

上海世博会有力推动了上海及长三角地区产业转型。上海乃至整个长三角地区借助世博会实现产业结构调整和经济增长方式的转变，推动以生产性服务为主的第三产业发展。

上海世博会提升中国和上海的国际形象。世博会是举办国家展示其经济、文化和社会发展水平的窗口，是一个国家崛起并获得世界承认的重要标志。2010 年上海世博会的举办，可以让更多的人了解上海、了解中国，树立中国和平崛起的国际形象。

上海世博会改善上海基础环境。上海世博会的举办显著地改善上海的交通、通讯、居住环境，为进一步提升产业结构创造良好的条件。同时，也将有利于吸引全球优秀人才，为上海的长远发展提供坚实的基础。

上海世博会提升城市人文精神和科学文化素养。世博会期间，上海为提高市民文化素养所作的努力有利于提升城市人文内涵和精神文明；而在世博会举办期间，上海也能学习到不同的人文精神和文化传统，进而提升自身的城市精神。同时，上海世博会向世界展示新能源、新技术、新材料等未来科技和产业发展方向，尤其是展示中国在绿色经济和低碳经济方面的贡献。

世博会是一项浩大的工程，它将拉动城市基础设施的建设、相关产业的提升扩张和人文环境的和谐发展，并由此推动举办国、城市和企业品牌战略的实施，同时也有利于上海城市品牌形象的扩展，从而让上海走向世界，让世界更了解上海。从时间维度上看，世博会具有时间上的波浪效应：即申办和筹备期间的先发效应，以及闭幕后的后续效应；从空间维度上看，世博会具有空间上的波浪效应：即世博会本身带来的直接效应，以及对相关产业、区域经济、城市建设和社会建设的波及效应。

作为正在迅速崛起的世界城市，上海目前正在为“实现到2020年基本建成‘四个中心’和社会主义现代化国际大都市的目标”而奋斗，并憧憬着在不远的将来能建成与纽约和伦敦比肩的世界城市。

上海的品牌规划及管理与部分城市（如杭州、北京、成都等）存在一定差距，体现在全球一体化的浪潮下，上海作为国际化大都市在自身定位与特色方面存在有待挖掘的空间，应通过资源整合，运用更为系统化的品牌规划管理输出统一的上海城市形象符号。如何塑造上海的国际大都市形象以便更好地为上海城市发展远景目标的实现服务，是一项具有战略意义的长期任务。

名人公关

Celebrity Public Relations

中国企业舆论环境研究

RESEARCH ON PUBLIC OPINION OF CHINESE ENTERPRISE

符合社会价值取向是关键

名人是现代传播中的一个具备高传播力和影响力，易于引起社会注意力的要素。因此，从品牌传播、企业传播到广告传播或新闻传播，这个要素都被广泛使用。但是这个传播要素也有双面性。传播时是否符合社会公共舆论的风向，是否体现社会公众认同的价值，其行为和言论是否具备公众情怀，都与最终的传播效果有关。简单说，在当今中国社会，通过名人要素进行传播或者公关活动，最重要的是通过“个人”行为来体现“公共”意识。《公关2010》所选取的名人公关案例中的公关成败，无不体现了这个关键点。这本身对名人是有一定挑战的，因为名人也是一个人，行为和言论都很自然地出自自我立场，但是公众或大众媒体并非这个角度，名人在传播过程中其实是一个传播符号，其私人性不被关注，公众会用更高的道德标准和专业准则来要求他们。因此，名人公关是否体现了对社会公共利益的关怀和奉献，往往导致其社会传播过程的正面或负面走向。这要求名人们重视自身的社会传播价值，并认识到这种社会传播价值的双面性既能提高你的社会地位，也能轻易降低你的社会地位。名人们应该比一般人更加具备社会责任感，因为他们能更轻易地占有、吸引或形成社会注意力，更容易使用社会传播资源。在日韩等国，演艺界人士作为公众人物，其一切公开行为都被严格管束，例如不能在公共场合吸烟，不能有反传统言论；如果一个艺人在社会义务方面有了负面报道，如饮酒驾驶、偷税漏税、逃避兵役等，那将是对艺人声誉的灭绝性打击。这同样说明了名人在社会公共场所应该更加自律，这种自律体现在言论（包括任何公开的社交性传播方式，如微博、博客、社区媒体网站等）、行为和大众媒体的呈现方式上。总之，名人是现代传播中一个非常利于使用的要素，无论是政府企业利用名人来传播组织观点，还是名人自身打造完美的社会形象建立良好的公众关系，都能吸引社会性关注和大众媒体的报道，但是，其行动和言论是否符合社会价值取向，是否符合公共舆论的一般衡量尺度，是否高于社会对一个名人的期待，则是名人公共关系传播管理的关键。

点评专家:

张宁，中山大学传播与设计学院副院长，公共传播系主任，副教授，硕士生导师。中山大学公共传播研究所副所长，中国国际公关协会学术委员会委员。留学日本多年，获得日本图书馆情报大学信息学硕士学位以及日本筑波大学社会学博士学位。

探析“章子怡捐款风波”背后的公众意识

公益传播的现实语境

随着中国综合国力进一步增强以及融入世界的步伐加快，公众人物（包括明星人物和企业家）所承载的社会责任逐渐增多，中国企业的公益意识不断加强与深化，特别是经历了2003年的“非典”、印度洋海啸、“5·12”汶川大地震以及北京奥运会等重大事件之后，公众高涨的慈善热情推动了中国慈善事业的发展。

但是，公益事件的传播，却经常事与愿违地成了舆论焦点，特别是不恰当的说法或传播处理方式，常使公益当事人陷入公众舆论的围剿之中：2008年王石的“信任危机”，2010年章子怡的“诈捐门”……而这些传播错误影响的不仅是当事人的公众形象，甚至还有上亿元的价值损失。

2010年初由中山大学公共传播研究所发布的国内首份针对企业公益传播行为的专项研究结果《2010年中国企业公益传播研究报告》显示，70%公众对企业进行公益事业的传播表示理解与支持；但相比国际企业来看，中国大部分企业的公益传播处于零散的、无系统、无策略的状态，故而经常“说错话”、“表错情”；与公众缺乏互动与反馈，有了问题反应很慢，做危机公关又缺少诚意。

公众传播的三个“亿元”个案

用了近一年的时间，章子怡在2010年年初发生的有关其汶川地震的“捐款风波”才渐渐平息。有媒体估计，章子怡为那笔未到账的“16万元”付出了几乎1个亿的代价。

回顾章子怡的捐款风波

2010年1月底，国内有媒体报道说：2008年5月12日地震后，章子怡在博客中称自己捐款100万元人民币，并说曾在法国戛纳电影节期间募捐了近百万美元。但现在查明她当时向社会宣布的捐款数额与四川当地收到的并不相符。

2月8日下午，章子怡通过经纪人向外界发表致歉声明：由于工作人员疏忽导致部分捐款未能及时到位。随后章子怡向红十字会补齐了所欠的16万善款。几乎与此同时，其他艺人也对自己的捐款行为进行了说明。

2月26日，中国红十字会、中国红十字基金会在官方网站联合发出声明称：“根据我们目前的调查和了解，没有发现章子怡在海外以中国红十字会或中国红十字基金会的名义进行募捐的情况。”

3月12日，章子怡突然接受《中国日报》的专访：捐100万，到帐84万，未到16万。

之后，据媒体报道章子怡因此产生公众信任危机，财富损失近亿元，失去大片主角和众多国际品牌代言资格，章子怡基本从公众视野中消失，其间还经历个人情感变化……

6月1日，沉默多时的章子怡来到四川省德阳市，参加“德阳孤残儿童寄养培训和流浪儿童保护中心”的项目发布会。

6月12日，章子怡参加朋友婚礼，深情祝福。

7月3日，出面担任“特奥全球形象大使”章子怡抵达南非宣传。

7月7日，将章子怡拖进泥潭的“泼墨门”事件似告一段落，购物导报社与章子怡双方达成和解：报社向章子怡出具书面致歉信，对在当天报道中援引采访对象的陈述给章子怡名誉权造成的伤害致歉。

7月8日，章子怡出席电影《魔术时代》记者会。

11月12日，以全新的形象出现在广州亚运会开幕式上……

至此，从2009年圣诞节期间发生“泼墨门”和2010年1月发生“捐款门”事件以来，经过近一年时间的潜心修缮，章子怡的负面行为渐渐得到官方和公众的原谅，其个人事业已走出低谷并渐回到原有的轨道上。

回顾另外两个“价值亿元”的公益传播事件

第一个是“负面”的亿元——王石和万科的“信任危机”：2008年5月12日21：36，汶川大地震后的7个多小时，王石在其博客上所发出的第一篇博文：“密切关注，冷静对应。”地震当天，万科总部决定捐款220万元。5月14日，王石再发博文：“不要泛慈善化”，“员工捐款不超过10元”，“中国是一个多灾难的国家……”网友开始愤怒。5月15日，19名万科义工随着援助物资及车辆前往灾区，装载价值数十万元急救药品、食品等救灾物资，此消息未得广泛传播，而公众舆论开始一边倒地问责王石和万科企业。15日当天，万科开始在其官方网站上公布抗灾的事实。21日，地震发生的第九日，万科对外发布了有关亿元捐款的公告。

第二个是“正面”的亿元——王老吉与加多宝集团成功“赢”销：2008年5月18日晚，由多个部委和央视联合举办的募捐晚会上，1亿元的巨额捐款，让“王老吉”背后的生产商广东加多宝集团“一夜成名”。消息传出10分钟后，加多宝网站随即被刷爆。“要捐就捐 1 个亿，要喝就喝王老吉！”、“中国人，只喝王老吉”、“封杀王老吉”等言论迅速得到众多网友追捧。2008年营利120亿，比2007年超营30亿。据媒体追踪，加多宝集团非常重视品牌传播，曾强调“传播非常关键”，“在最短的时间里使王老吉品牌深入人心，必须要选择一个适合的宣传平台，央视一套特别是晚间新闻联播前后的招标时段是具有全国范围传播力的保障”。

公众舆论背后的公众意识

这三个“亿元”的公众传播事件导致的当事人的信任危机或任何信任好感，其背后所彰显的即是公众舆论的威力。

从社会学角度而言，德国著名社会学家哈贝马斯认为，公众舆论可区分为两类，即“作为批判力量或作为展示和操纵力量”。

从公众传播的特点而言，作为公益传播领域的公众舆论则具有更显著的复杂特征。北京大学新闻与传播学院师曾志教授也提到公益传播中公众舆论的特殊性，认为在公益传播的过程中，公众舆论是跨越了时空的更大的政治场、经济场、法律场、文化场以及学术场等复杂的场域结构、并有可能因矛盾而形成。

从传播学和传播心理而言，美国著名传播学家肯勒斯·伯克（Kenneth Burke）提到在传播过程中“替罪羊”现象，认为传播者或公众(reidentification)的“再认知意识”（reidentufication），即有可能将自己憎恶或不能承受的压力投射在一只“替罪羊”身上，并以牺牲它来解脱自己。

在针对章子怡和王石口诛笔伐的同时，有不少人认为二人并无大错，特别是一些公众人物在公开场合开始表达此类言论，如李连杰在接受中央电视台“面对面”栏目专访时认为“章子怡”是技术上的问题致使钱未能及时到账；企业家陈光标在2010年两会期认为“媒体‘过度讨伐’章子怡所谓‘诈捐门’的报道是对中国慈善事业的一个打击。”随后，媒体也表达了此类声音，2010年6月人民网刊登评论提到了“公众包容”这种公共意识：“从总体上看，我国的慈善事业还处在幼年时期……慈善意识普及率低，公众特别是富裕阶层的参与意识有待增强；有效激励社会捐赠的法规制度亟待完善……除了加强慈善立法与制度建设，慈善事业这棵‘幼苗’也亟需社会公众的包容，以营造鼓励更多的人自愿回报社会宽松环境。”

既然如此，公众舆论为什么从一开始就咬住二人不放手？同时，即使有上述这些反对过度批评章子怡和王石的中立和客观言论，为何直到2010年年中才开始出现？

人民网曾在评论中提到“公众特别是富裕阶层的参与意识有待加强”，这是中国慈善事业发展初期一个十分显著的特点。2010年11月，中国社会科学院发布《2010年中国慈善蓝皮书》，相比2008年，2009年的捐赠数量并没有变化很大，应该说在常规捐赠的基础之上略有上升。把各种宗教、高校和相关部门各种口径的捐赠数目做进一步的统计，大概是500多亿元人民币，捐助主体企业占58.4%，个人占30.4%，主要是企业和个人。从各个省市来讲捐赠的差距很大，2009年19个省市捐赠的总量超过亿元，排在前面的是山东、浙江、广东、湖南等等。总体来说经济越发达，捐赠的总量越大，也可以看出来中部地区和省市的捐赠数量也不小。企业捐赠的主体，捐赠超过亿元的企业有十几家，最多的是诺华中国和中石化等等，诺华是药品占的份量比较大，其他的企业是以资金捐赠为主。

但是，与美国慈善事业发展相比—— 2009年美国各类慈善捐赠达到3037亿美元，其中个人捐赠达到274亿元，基金会捐赠300多亿元，企业捐赠140多亿元 —— 中国投身慈善事业的总量和人数都仍非常少，这是不争的事实。有数据显示，在2008年以前，中国只有不到10%的企业有过慈善行为，而这是引起公众不满的第一个原因，但并非直接原因。

其次，公众人物的诚信问题一直是媒体报道的主要内容之一，道德感低下，认捐了却不兑现；或是漠然对待这些捐助行为，“被动捐助”时有被媒体体揭露，这些具体的行为或事件像一条条导火索，直接点燃了公众的不满。

再者，也许是最重要的因素 —— 因为各种社会保障制度的不足，公众的生活水平仍未得到与GDP增速对等的提升，中国处于贫困线下的人数仍居全球之首，贫富悬殊的距离仍在加大；同时，公众意见对外表达与沟通的机会和渠道都不多，网络则成这其中的重要工具……这些令人失望甚至绝望的现实生活使得公众将自己的种种不满毫无理智地发泄在那些被媒体曝光的负面公众人物身上，加上媒体无休止的炒作，公众舆论可以不论青红皂白，过度联想，代替法庭进行“道德审判”。

因此，章子怡和王石便成了“那些道德低下、诚信缺失的特殊名人群体”的替罪羊。媒体也冠之为“王石们”的称呼。这些“替罪羊”复又被媒体渲染，公众舆论更是挟民意以令天下，操纵公众领域的话语权。

及时行动，避免成为“替罪羊”

然而，从危机处理的操作层面而言，“替罪羊”并非绝然存在。面对危机，“及时”、“真诚”和“务实”三原则必不可少。

“及时原则”，意味着当事人对危机事件本身的及时反应，或回应或澄清或道歉，总之当事人必须及时站在公众面前；

"真诚原则"，面对公众，特别是那些有直接被伤害的群体，当事人则更应该真诚对待，事实求是，以事论事，有则改之，无则加勉，掌握舆论引导的主动权，使公众减少"过度联想"的机会；

"务实原则"，前两个原则可能在事件发生的一周内起效，但"务实原则"则是告诫当事人，必须对公众和公众舆论心存敬畏之心，千万不要以为危机在一天或一周内就可以解决，信任重新建构比初始建构需要更多的时间和成本。所以，当事人要务实地将履行自己的诺言，靠自身的努力—— 而并非靠"危机公关"——重新建构公众的信任。所以，这是最关键的一个原则。

清华大学专家董关鹏博士认为，企业公益传播应该和政治传播一样具备三个平台：第一个是主动发布平台，一定要有一个发言人，发言人是隔热板、挡箭牌、弹簧绳；第二是要有舆情的平台，即一整套传播预案；第三个是应急舆论引导的平台。

章子怡事件发生伊始，当事人不出来澄清事实，其公关负责人亦是一周后才出面回应，但又前后言辞矛盾，从而引起了公众更强烈的兴趣和关注 —— 这违反了"及时原则"。事发两月后，章子怡3月才正式约见媒体，但仅《中国日报》一家。《中国日报》是一家全球发行的报纸，但是这个采访的社会传播效果并未获得公众认可，仍是批评居多。事实证明这种媒体的选择策略并不成功，因为这使得中国境内或地方媒体以及中国公众感觉章子怡在此关键时刻仍然记挂着国外市场，这样策略违反"真诚原则"。之后，章子怡可能终于找到了自己的问题所在：太功利，轻视公众。她选择从公众视线中消失，即使自己的感情纠葛也未使之成为媒体妙作热点。沉默数月后，她选择在6月1日以慈善活动重新回到公众视线 ——章子怡应该是一位有勇气的女性，敢于在哪里跌倒就在哪里站起来。之同时，媒体在进行反思之后，亦开始报道对慈善行为的社会认知的“宽容”话题，这种媒体环境亦为章子怡的付出作了合时的铺垫。

章子怡的“捐款风波”给章子怡们、给公众、给媒体都上了一堂很好的如何进行危机处理，以及如何使社会变得更和谐的宽容之课。

中国知名危机公关专家、中山大学教授廖为建指出，媒体的公共传播应该培育一种包容性的公益文化，教育公众应该学会更宽容地对待公益行为和公益传播，如果整体的社会公益文化太过功利，会使得做公益的人压力太大；如果以常态的心情就能形成一种良好的公益文化、公益习惯、公益行为，无论捐一分钱和捐一亿都同等看待。当我们有这种良好的公益文化、公益氛围的时候，公众人物的某些人性弱点恐怕也不会引发一场又一场的公关危机。

从刘翔、王治郅的U形回归看个人公关之道

近年来，名人危机事件频频发生。从娱乐圈、体育界、工商界甚至政界，关于名人的负面报道不绝于耳。在国内，作为中国体育符号象征的王治郅和刘翔，却分别因“滞美不归”和“奥运退赛”曾轰动一时，震惊世人，成为媒体报道的焦点，其个人形象也经受了严峻的考验。而在2010年广州亚运会，王治郅和刘翔皆在各自的赛场上重返“巅峰”，实现个人成就和个人形象的“大满贯”。

从辉煌到低谷再到重返顶峰　U形轨迹见证“王者归来”

辉煌期

王治郅和刘翔都有着异于常人的天赋，自出道起便崭露头角，并迅速成长为体育界的标杆人物。在赢得无数鲜花和掌声后，王治郅被誉为篮球界的“移动长城”，而刘翔则是“中国速度”的代表。

篮球天才横空出世　王治郅成进军NBA亚洲第一人

1995年王治郅在世青赛上横空出世，在所有八场比赛中一共砍下178分，场均22.3分列世青赛第二名。那届世青赛之后，全世界都开始关注这个身高2.16米的中国天才球员。

1999年NBA选秀大会在华盛顿举行，即满22岁的中国男篮主力中锋王治郅以第36顺位被达拉斯小牛队选中，成为第一个在选秀大会上被NBA选中的亚洲球员。

2000年王治郅和姚明构成“移动的长城”，在悉尼奥运会上，王治郅场均13.5分、5.0个篮板，是中国男篮的第一攻击手。

2001年世界大运会上，王治郅场均砍下22.0分，其中对希腊的比赛砍下35分。也是这一年，王治郅赴NBA在小牛队打球，这一年普遍被看作是王治郅的巅峰年。

跨越尘封记录　刘翔登顶世界田径

2001年刘翔拿到的第一个世界冠军——世界大学生运动会冠军。

2002年瑞士洛桑国际田联大奖赛，第二名，13秒12，刷新了保持24年之久的110米栏世界青年纪录，同时打破亚洲纪录；同年获釜山亚运会冠军。

2004年雅典奥运会冠军，成为110米栏获此项目奥运冠军亚洲第一人，创造了中国人在男子110米栏项目上的神话。

2006年7月12日，刘翔以12秒88的成绩获得瑞士洛桑田径超级大奖赛金牌，并打破了沉睡13年之久由英国名将科林·杰克逊创造的12秒91的世界纪录。

2007年8月31日，在日本大阪的第11届世界田径锦标赛男子110米栏决赛上，刘翔创造了第九道奇迹，以12秒95获得冠军，成为集奥运会冠军、世锦赛冠军和世界纪录保持者于一身的男子110米栏大满贯得主。

低谷期

或许年少轻狂，站在体育之巅的王治郅和刘翔却各因“拒绝回国”、

“奥运退赛”跌至悬崖谷底，个人形象严重受损，遭到众多媒体、公众的指责和怒骂，围绕他们的是是非非、纷纷扰扰成公众的舆论焦点。

滞美不归 王治郅被贴上“叛逃”标签

2002年王治郅以参加夏季联赛为理由，没有随队参加男篮世锦赛和釜山亚运会。这一年王治郅陷入著名的“不归事件”漩涡中，并且被中国男篮开除。

《达拉斯晨报》女记者朱迪·弗拉德在其报道中称王治郅留美目的是想“叛逃并对抗政府”。

美国媒体造谣生事，而王治郅采取“非暴力不合作”态度与国内玩失踪。骤然间，王治郅从英雄形象转变成国人的眼中的“卖国贼”。

奥运退赛风波 刘翔跌落“信任低谷”

2008年8月18日，在北京奥运会田径赛场男子110米栏预赛上，备受关注的夺冠大热，上届奥运会该项冠军、前世界纪录创造者刘翔却在起跑前因伤退出了比赛。

刘翔的退赛，让众多翔迷爱恨交加，也背上了“懦夫”的骂名，从“神话”和“巨人”的顶峰跌至个人信任的低谷。

重返顶峰

面对强大的舆论压力，王治郅和刘翔通过优异的比赛成绩和良好的精神风貌再次俘获大众的心，实现完美救赎。

率队夺取亚运冠军　王治郅重获国人“顶礼膜拜”

2006—2009年间王治郅主动承担了八一队和国家队领军人物的角色，率领八一队重新获得国内联赛冠军，帮助中国队再度蝉联亚洲锦标，他的努力和付出获得媒体和球迷的高度肯定和赞扬。

2010年11月26日，在广州亚运会男篮决赛中，王治郅突显了球队核心作用，率队取得最终胜利。

赛后，男篮队员们集体将王治郅抛向空中。随后颁奖中，11名队员更是集体将11枚金牌挂到了大郅的脖子上，朝着大郅顶礼膜拜，这是一种至高荣誉，整体与个人，在这一刻实现了完美融合。

亚运史上首个三冠王　刘翔再现“飞人”风采

2009年第十八届亚洲田径锦标赛，刘翔以13秒50的成绩成为亚锦赛史上第一位三冠王，以复出后夺得的第一个三冠王向媒体和众人传递王者归来的信心和决心。

	王治郅	刘翔
辉煌期	☆ 闪耀世青赛，获世人关注 ☆ 进军NBA亚洲第一人 ☆ 中国男篮的第一攻击手	☆ 世界大赛屡创佳绩 ☆ 创造中国人“110米栏”神话 ☆ 打破世界纪录，成大满贯得主
低谷期	☆ 拒绝回国效力，被冠以叛逃罪名 ☆ 采用“非暴力不合作”，淡出国人视野	☆ 北京奥运退赛，招致球迷指责、怒骂 ☆ 从“神话”、“巨人”顶峰跌落信任低谷
重返顶峰	☆ 主动承担责任，成为球队精神领袖 ☆ 率队夺取亚运冠军，重获“顶礼膜拜”	☆ 亚锦赛夺冠，传递归来的信心和决心 ☆ 亚运三冠王，再现飞人风采，击溃信任危机

王治郅、刘翔体育生涯U形轨迹

2010年11月24日，广州亚运会男子110米栏决赛中，中国飞人刘翔以

13秒09的赛季个人最好成绩夺得冠军，不仅连续第三次打破了赛会纪录，并且成为亚运会历史上第一位三夺110米栏冠军的选手。

人们喜欢甚至崇拜刘翔，不是因为其俊朗的外表，而是因为他创造了110米跨栏的奇迹。亚运三连冠成功化解了刘翔北京奥运退赛的信任危机，再次成为中国速度的标志。

同样的U形轨迹　不一样的重塑之路

王治郅回归之路一波三折

或许NBA不愉快的经历让王治郅产生了“浪子回头”的念头，亦或许大郅参透了个人价值和集体荣誉两者之间的关联。时隔1600天后，王治郅重返国家队，再次回归国人视野，历时4年的“大郅不归事件”正式画上句号。事实上，在被国家队除名后，王治郅曾几次透露愿回国参加国家队比赛的心声，但都未能践行，而后不了了之，公关策略不当使其回归之路困难重重。

鸵鸟式公关，王治郅与国人渐行渐远。媒体造谣，王治郅却玩失踪，没有及时表明自己的正确态度和立场，进一步促使事件的扩大并引发公众的反感和不满。

真诚道歉，重获公众理解。大郅回归国家队同时公布了一封长达2050字的道歉信。真情流露、态度诚恳，曾经的莽撞少年完美地诠释了“浪子回头金不换”。

敢于担当，用成绩证明一切。无论是在国内联赛，还是国际赛场上，王治郅兢兢业业，充分发挥其技术特点，帮助球队屡获殊荣。而在2010年广州亚运篮球决赛中，更是凸显其领袖作用，率队重夺冠军，王治郅再次成为了国人心目中的英雄。

刘翔公关到位进退有道

相对于王治郅的曲折，刘翔个人危机的化解则较为顺利。这不得不归功于其到位的公关策略：

道歉先行，迅速披露真实信息。刘翔退赛后，中国田径队的总教练冯树勇和刘翔的教练孙海平召开新闻发布会，向公众道明刘翔退赛的真实原因。另，刘翔在接受央视采访时向全国观众道歉，说明自己退赛的历程和受伤的原因。通过快速地披露真实情况，使“退赛风波”逐渐明朗起来，为赢取公众理解奠定基础。

权威证言，引导舆论走向。众多医学专家在刘翔退赛后，纷纷从专业的角度向公众详细介绍刘翔的伤病，让公众了解到真实的病情及其危害。这让刘翔因伤退赛更具说服力。此外，刘翔的退赛也得到了中央领导同志的关切。中央领导在当天获悉刘翔因伤痛退出110米栏预赛的消息后，立即致电慰问。同时全国主流媒体也对刘翔的退赛表示理解。《南方日报》题为“我们爱金牌，但我们更爱刘翔”的报道引发公众对竞技体育和人文体育的理性思考。《人民日报》海外版上的“刘翔养好伤从头再来”更为刘翔重新站起来造势。

赞助商接棒支持，营造良好的公众氛围。从刘翔登顶110米栏起，其成为了众多商家的“香饽饽”。据统计，在北京奥运前，刘翔代言的品牌有达14个之多，跨越了IT、医疗保健、金融、乳品、服装甚至邮电通迅等领域。甚至有人大胆预测，如果刘翔夺金，其带来的经济价值将高达4.8亿元。然而，天公不作美，刘翔遗憾退赛令大部分商家束手无策。但一些大品牌仍然选择留住刘翔，接棒刘翔开跑危机公关“110米栏”。耐克火线换上的新广告，以“爱”之名——力挺刘翔“爱比赛，爱拼上所有的尊严，爱把它再赢回来。爱付出一切，爱荣耀，爱挫折。爱运动，即使它伤了你的心”；可口可乐、伊利、VISA、安利等也纷纷表示支持。众多代言企业的支撑也为刘翔的声誉重塑营造了良好的氛围。

重回跑道创佳绩，兑现诺言终得圆满。从哪里跌倒就得从哪里站起来，解铃还须系铃人，刘翔深谙其道——只有在110米栏再创佳绩才能赢回民心。2010年广州亚运会上的成功卫冕，让一切关于刘翔的指责烟消云散，全国观众共同见证了王者归来。

	王治郅	刘翔
第一阶段	公关失策，回归之路一波三折	道歉先行，扼杀中伤流言
第二阶段	真诚道歉，重获国人理解	获外界力量（权威媒体/人物和赞助商）支持，为形象重塑铺路
第三阶段	敢于担当，用成绩证明一切	强势回归，兑现诺言终得圆满

王治郅、刘翔个人形象重塑之路

王治郅、刘翔个人形象逆转的思考

作为中国体育的标杆，王治郅和刘翔的个人危机具有典型的名人危机特征。虽然他们陷入危机的原因各不相同，但在体育生涯上皆经历了相似的U形轨迹。而在个人形象重塑之路上，各自公关策略亦不尽相同，但形象逆转的背后却共同遵循着一致的原则：态度真诚，以维护声誉为出发点和归宿点。可以说，王治郅、刘翔个人形象的成功逆转，是众多名人化解危机，重塑形象的典范之作。

化解“学历风波”唐骏需要公关，更需要诚信

自7月1日开始，曾经创办中文网第一个学术打假网站的科普作家方舟子，连续在他的微博上发文，举证质疑素有“打工皇帝”之称的新华都集团CEO唐骏，在他相关的作品以及公开报道当中所说的论文、学历，以及数项发明专利，还有他海外创业经历，都涉嫌造假。一时之间，关于唐骏“学历风波”引发了社会广泛的关注。

学历问题引发网络激辩

一边是“打工皇帝”唐骏，一边是“打假皇帝”方舟子，从7月1日方舟子发布第一条微博开始，就注定了“学历门”将不可避免地成为舆论关注的焦点。

事件首先在网络上引起了强烈讨论，根据百度指数的监测显示，“唐骏学历门”、“唐骏学历造假”等相关关键词都成为网络搜索的热门词语，而关于唐骏本人的相关信息也成为公众关注的内容，受关注程度达到前所未有的高度。

随着事件的发展，“唐骏学历门”、“西毕生”、“团购学历”、“花瓶CEO”、“野鸡大学”、“文凭工厂”、“西太平洋大学”等也都成为网络热词。

这场风波从微博爆发之后，迅速引起传统媒体的集体跟进。凤凰卫视《锵锵三人行》推出“唐骏深陷学历门”节目，CCTV新闻频道东方时空也制作节目“聚焦唐骏造假门”，并播出当事人方舟子和唐骏的电话采访录音。《羊城晚报》、《南都周刊》、《南方周末》、《东方企业家》、《文汇报》、《时代周刊》、《新京报》等媒体纷纷以专题、封面文章的大篇幅对事件进行跟踪报道。

根据方舟子一次次对唐骏的质疑，公众的关注焦点也经历了三个阶段的变化。第一阶段是针对唐骏学历及经历是否造假展开的讨论。第二阶段讨论焦点在于“野鸡大学”。第三阶段则引申到社会诚信的道德层面。

凤凰网针对此次事件进行了网络调查，截止到7月19日，总共有467385名网友参加了投票，其中79.6%的受访者相信方舟子指唐骏造假的调查结果，更有87.6%的受访者认为像唐骏这样的优秀商业领袖，更要讲究诚信。短短20天，舆论的讨论从唐骏学历“造假”升级到商业领袖诚信危机，由原来的个人信任危机波及到盛大网络及新华都集团等相关利益群体，从一个“个人诚信”问题上升为一个社会现象。

正反两方的观点在激烈地辩论着。为唐骏辩护者认为，“英雄不问出处”、“唐骏已经证明自己的成功”；批评者则认为诚信是成功的基础，曾经是“年轻人楷模”亦热衷于宣讲自己成功经历的唐骏应向公众和投资者道歉，以维系社会基本的道德准绳。

另外，在新浪微博上，各种讨论唐骏学历被指造假的言论也成为最火爆的内容，诸多意见领袖，包括学界、业界的专家学者和媒体人士，纷纷针对此事发表意见。

一场没有硝烟的微博博弈

2010年7月1日晚上8时20分开始，方舟子一连在自家的微博上发出21条记录，把矛头指向新华都集团总裁兼CEO、著名的“打工皇帝”唐骏。方舟子一一展示相关证据，质疑唐骏的学历和专利涉嫌造假。

在风暴乍起之后的7月1日到7月6日的5天里，唐骏和方舟子两个人的微博都相对平静：唐骏记录的是关于看世界杯和喝酒的轻松姿态；而方舟子大部分的微博文字都是在谈中医问题。

7月5日，唐骏秘书李欣在接受媒体电话采访的时候，称方舟子“是个偏执狂”，不准备回应他的质疑。

7月6日，唐骏终于做出回应，接受了人民广播电台“中国之声”的电话采访，称“我无论在任何时候、任何场合，包括我的书上，我的书的首页介绍的时候，从来没有说我是在加州理工大学拿到过博士”，并且出示了Pacific Western（西太平洋大学）电子工程专业博士学位，并对方舟子质疑的专利和创业经历进行了回应。同时，唐骏还向媒体发布了个人律师声明，称将用法律手段对恶意进行诽谤和谣言的行为采取法律行为。

就在同一天中午，方舟子在微博上继续发言，质疑唐骏所称获得博士学位的西太平洋大学为“一所著名卖文凭的野鸡大学”，并已被法庭判决解散。

7月7日，网友挖出西太平洋大学工商管理博士的学员通讯录，诸多“唐骏校友”被曝光。与此同时，近百名人为了防止因公布的资料遭质疑，纷纷通过“自我人肉”更改网络简历资料。

就在此时，事态的发展出现更加戏剧性的一幕。自称唐骏校友的禹晋永进入了媒体和公众的视线，表示对唐骏的支持，并出示了中华人民共和国驻美国总领事馆出具的证明。此后更是引发了禹晋永“维权”，向150家媒体“宣战”而导致自己麻烦缠身的闹剧。

7月8日，随着唐骏“学历门”风波愈演愈烈，越来越多的个人和机构开始卷入。出版唐骏自传《我的成功可以复制》的中信出版社和《唐骏日记》的合著者沈威风均声明称“获美国加州理工大学计算机专业博士学位”的说法有误；唐骏的母校北京邮电大学也修改了相关网页。盛大公司也受到波及，在其上市招股书中存在虚假信息，称唐骏是西太平洋大学电子工程和日本名古屋大学电子学的双料博士。但盛大对此并未作出回应。当天，唐骏秘书李欣再次向媒体表示由于出版社的失误而导致这一起事件的发生，不会起诉方舟子。

7月11日，有关唐骏将去职新华都的说法在网上风传，但唐骏的秘书李欣否认了这一说法，唐骏本人未对此事做出回应。

7月12日，唐骏缺席参加第一财经电视台《财经夜行线》的采访。更让人惊奇的是，唐骏接受《名汇Famous》记者采访时抛出了“如果所有人都被你欺骗到了，就是一种能力，就是成功的标志。”此番言论再次引起舆论的哗然。

7月12日，媒体报道了西太平洋大学工作人员证实唐骏1993年—1996年在加州米拉马尔大学就读并获得电子工程博士学位，该校的前身为“西太平洋大学加州分校”。

随着唐骏学历风波的细节一一曝光，唐骏的动向成为公众最为关心的话题。唐骏在接受中央人民广播电台采访时，否认了他已经与新华都解约或者即将解约的消息。

7月14日，唐骏给所有港澳资讯员工发了一封内部电子邮件，重申了是由于中信出版社的错误才导致对其学历的错误表述，并称“从今天开始应该收尾了。”

7月15日，有媒体报道唐骏可能转投金山软件，唐骏的秘书李欣再次向媒体肯定地回答：“新华都不会辞退唐骏”；而金山集团品牌公关部经理余海玲更是向记者表示：“唐骏加盟金山，200%不可能。”

7月18日，唐骏回江苏常州参加同学聚会，幽默回应学历事件，并透露将给家乡“送”上一家上市公司和一部励志大片《我行我素》。

明星CEO形象坍塌背后的公关逻辑

唐骏作为中国最“出名”的职业经理人之一，多年来通过精湛的“做秀”功力，成功地将自己塑造成为青年导师、商界精英的形象，曾几何时，唐骏被许多人当作中国职业经理人群体一个代表性符号。作为一个备受关注的公众人物，人们对唐骏有着更高的期待，特别是对于他的崇拜者和追随者而言，更是将唐骏作为自己学习的榜样和奋斗的目标。因此，学历风波对于唐骏而言是一场史无前例的公关危机，多年来苦心经营的个人形象受到严重冲击，个人品牌价值已经迅速贬值。

唐骏在应对方舟子的质疑时几乎用上了所有的公关手段，首先是通过媒体采访将公众视线从学历造假转移到能力与学历孰轻孰重的话题。其次是策略性地承认野鸡学历并企图用法律维权以正视听，最后是通过出版社勘误、删除网络资料等方式撇清自己在学历问题上的责任。但是，除了澄清自己并没有拿到“加州理工学院计算机科学博士学位”外，对注册公司、“专利的雏形”转让等质疑至今依然未能拿出充分的证据给予回应。

这场风波就在唐骏与方舟子的短兵相接中愈演愈烈，唐骏的应对措施却无法形成精准打击，更在公关过程中犯下了三个严重的错误，以至于危机得不到化解。

第一，唐骏轻慢的态度是危机向纵深发展的催化剂。从事件爆发初期的不予回应，继而质疑方舟子的打假动机，再到以法律武器为要挟还击所有指责他的人，最后以“爆炸性言论”挑战主流价值观，唐骏非但没有在第一时间主动表态，诚恳致歉，反而采取了回避、狡辩的应对方式，这就使得公众对他的质疑进一步加深，个人道德及诚信遭受诟病。

第二，错误的应对策略使得唐骏的危机公关软弱无力。唐骏曾经多次接受媒体的采访，但是他所有的回应都是针对方舟子的质疑，却忽略了与公众的主动沟通，特别是未能以诚信的态度获取众多“粉丝”和读者的支持，令自己陷入了孤立无援的境地。

第三，屡屡错失公关良机致使唐骏丧失主动权。在方舟子对唐骏首度发难之后，整整5天时间唐骏都没有亲自做出正面的回应，未能将危机扼杀在萌芽阶段。在出版社进行勘误致歉之后，在盛大上市招股书曝光之后，唐骏都没有把握时机进行道歉，甚至还声称“两周之内不回应”，似乎想静待公众的淡忘，但也等于放弃了挽回公众信任的最后机会，反而陷入危机的泥潭。

诚信为名人公关之根本

对于唐骏而言，其丰富的人生阅历和辉煌的工作履历才是备受公众关注和崇拜的关键，比一纸学历更为精彩。唐骏是一个非常自信，并且具有很强工作能力的人，否则绝对不可能有今天的成就。从唐骏的职业经历来看，学历在他所取得的成就中所起的作用微乎其微，完全没有必要在这个问题上造假。

CEO形象管理的首要原则就是“诚信”，公众人物更要讲诚信。公众对于唐骏假学历的厌恶和批判，并不是对学历的崇拜、对海归的排斥和对财富的妒忌，而是对于社会诚信的追问，对商业社会诚信缺失的思考。

唐骏对于公众的质疑能够主动站出来，公开承认自己的博士学位并非出自美国名牌大学，这对于珍视自己头上光环的唐骏而言，是需要勇气的，但是他试探性的回应却没有取得预想中的效果，因为对于其他的质疑他始终无法坦诚对待。

企业家在个人声誉遭受质疑的时候，倘若能够正视问题，正确认识诚信的商业价值，从传统的道德标准出发，向公众、股东真诚道歉的话，必能获得公众的谅解。尽管中国曾经历过一个惟学历论英雄的年代，但是近年来人们的观念已经转变，更为注重个人品德和工作能力，当下发展中的中国社会对于诚信和成功二者之间关系的价值衡量已经有了全新的理解。

近些年，越来越多的企业领导人成为公众人物，得到人们的认可、尊重或崇拜，同时也占有更多的社会资源，由于这些公众人物的身份和地位，公众会以更高的标准来衡量他们，也会对他们进行更多的舆论监督。因此，企业领导人知名度越高，遭受危机的可能性也越高，对企业家形象管理而言，一个可以确定的元素是学会危机公关。这似乎是一个战术问题，但是在这个透明化的全媒体时代，企业家要把危机公关放到战略位置上，要对它有更深刻的理解，企业领导人的声誉管理必须纳入企业品牌管理的战略高度。

随着时间的消逝，对于唐骏学历的讨论必将渐渐被人遗忘，对于唐骏的影响也将慢慢淡化，或许他仍将稳坐新华都CEO的位子，或许他又将成为另外一家企业的高管，这些我们不得而知。但是，我们可以肯定的是，又一个成功人物的光辉形象在公众的心目中轰然坍塌，由于唐骏未能及时化解这场公关危机，在未来很长的一段时间内，唐骏的名字必将与学历紧密捆绑，成为公众对唐骏的固有印象。多年之后，当出现学历造假事件的时候，唐骏仍将作为一个反面例子被反复提起，“唐骏”，将成为另一个群体的代表性符号。

最后，此次事件始于微博，持续扩大，再一次显示了网络的力量。这让我们在思考诚信等社会话题之余，还需要思考：在新媒体环境下，企业如何进行危机管理？如何进行企业领导人形象的管理？在网络，尤其是web2.0技术越来越发达的当下，我们已经处在一个全媒体的环境下，政府、企业、名人都不得不面临前所未有的全开放媒体环境。

研究机构简介

中山大学公共传播研究所

中山大学公共传播研究所以传播与设计学院公共关系学系为依托，现有研究人员12人，其中教授4人，副教授5人，讲师3人以及兼职研究人员8人。

研究领域主要包括政府公共关系、城市与地区形象、企业传播、网络传播、传播政策与法规、企业形象与CI战略、整合营销传播、沟通心理、人际关系、危机管理、议题管理等。先后承担国家社科规划重点课题、教育部社科规划课题、广东省社科规划项目、广东省高教厅项目、广州市社科规划课题和社会横向课题的研究。公共传播研究所接受社会的委托，为政府和企业提供组织形象、企业文化、传播管理、营销推广、媒介策略、危机处理等方面的咨询、策划、培训服务。

国际关系学院国际公共关系研究所

国际关系学院国际公共关系研究所成立于2007年1月，其宗旨是构建国际公共关系研究平台，加强中外公共关系学术实务交流；汇聚国际公共关系研究人才，贡献国际公共关系研究优秀成果。该研究所由国际关系学院副院长、中国国际公共关系协会学术委员会主任郭惠民教授任所长。此外还有一批担任中外公关公司高管以及政府和企业公关资深人士的校友兼任研究所特邀研究员。

研究所成立以来，已承接和参与了多项国际公关研究课题，其中包括：年度中国十大企业危机研究；时尚传播和时尚公关；中国汽车企业公共关系研究等。并于2009年和2010年连续两年主办中国危机管理研究年会，2009年还举办了首届两岸三地高校公关研究机构学术年会，参与协办了由香港浸会大学组织的“中国公共关系的发展趋势和未来走向”高峰论坛。研究所还设立国际公关界卓越领导人论坛（国家外专局引智项目），邀请了一批国际知名公关公司总裁、国外大学知名公关学者进高校演讲，进行国际公关前沿课题研讨，促进了中外公关界的交流，，在国内外公关学界有一定影响力。

注意力公关研究院

注意力公关研究院是注意力公关顾问机构投资于2008年9月组建的企业研究部门，向公司董事会负责。

注意力公关研究院作为公关行业唯一一家公关研究院，在战略公关领域锐意探索，成为整个行业创新的引擎。

研究院宗旨

作为注意力公关顾问机构的创新和研发平台，致力于提升注意力可持续竞争能力。

研究范围和方向

构建注意力的知识体系，开发个性化服务工具，提升客户服务的专业化能力；

针对舆论环境、特定议题及行业公关传播绩效（MCI），不定期发布研究成果，现已完成《2007下半年—2008上半年中国汽车品牌媒体沟通绩效研究报告》、《2009年度中国汽车品牌媒体沟通绩效研究报告》、《2010年中国企业公益传播研究报告》；

聚焦公共关系前沿技术和社会热点问题，引导客户开辟品牌及业务沟通蓝海，自2009年开始，每个季度持续发布《中国社会舆论环境分析报告》及《中国企业舆论环境分析报告》。

企业服务

为企业的品牌建设提供战略公关的咨询；

针对企业公关传播提供系统的效果评估；

针对企业的社会责任和危机处理提供策略上的指导和资源上的整合。

参考文献

（美）斯各特·卡特利普、艾伦·森特、格伦·布鲁姆，公共关系教程［M］，北京：华夏出版社，2001
姚惠忠，公共关系理论与实务［M］，北京：北京大学出版社，2004
郭惠民，当代国际公共关系［M］，上海：复旦大学出版社，1998
郭惠民，危机管理的公关之道［M］，上海：复旦大学出版社，2006
廖为建，公共关系学［M］，北京：高等教育出版社，2000
陈向阳，公关顾问专业指南［M］，合肥：安徽人民出版社，2004
刘彦平，中国城市营销发展报告（2009-2010）：通往和谐与繁荣［M］，中国社会科学出版社，2009
（美）沃尔特·李普曼，公共舆论［M］，上海：上海人民出版社，2006
（美）沃尔特·李普曼，舆论学［M］，北京：华夏出版社，1989
（美）马克斯韦尔·麦库姆斯，议程设置大众媒介与舆论［M］，北京：北京大学出版社，2008
王梅芳，舆论监督与社会正义［M］，武汉：武汉大学出版社，2005
程世寿，公共舆论学［M］，武汉：华中科技大学出版社，2007
陈力丹，舆论学：舆论导向研究［M］，北京：中国广播电视出版社，1999
喻国明，解构民意［M］，北京：华夏出版社，2001
喻国明、齐夏阳，中国民意研究［M］，北京：中国人民大学出版社，1993
邹建华，突发事件舆论引导策略［M］，北京：中共中央党校出版社，2009
许静，舆论学概论［M］，北京：北京大学出版社，2009
刘建明，社会舆论原理［M］，北京：华夏出版社，2002
汪凯，转型中国：媒体、民意与公共政策［M］，上海：复旦大学出版社，2005
（美）菲利普·津巴多、迈克尔·利佩，态度改变与社会影响［M］，北京：人民邮电出版社，2007
（美）赛佛林·坦卡德，传播理论·起源方法与应用［M］，北京：中国传媒大学出版社，2006
（美）菲利浦·科特勒、凯文·莱恩·凯勒，营销管理［M］，上海：上海人民出版社，2006
（美）弗兰·迈特拉、雷·阿尔提格，公关造势与技巧［M］，北京：中国人民大学出版社，2009
（英）大卫·菲利普斯，网络公关［M］，北京：北京大学出版社，2005
（英）桑德拉·奥利弗，企业传播原则、方法与战略［M］，北京：北京大学出版社，2005
（美）奥尔波特，谣言心理学［M］，沈阳：辽宁教育出版社，2003

注：本书所引用的资料或数据来自媒体或权威网站公开发布的内容。

后记

当我们羡慕兰德、麦肯锡之类的全球顶级智业公司动辄开出千万美元的咨询天价，当我们哀叹国内智业沦陷为执行工具，不受重视时，值得反思的是，我们对中国智业的信仰有多坚定。

一直以来，我们坚信中国人的想象力是无穷的，张艺谋在北京奥运会上的震撼表演向全世界展示了中国人的创造力，而中国文化的强大底蕴更是中国智业生存发展的土壤。

实际上，中国智业缺的并不是伟大的创意，而是将这些智慧总结、提炼、升华，并形成标准化的系统能力，而是我们自身对智业一以贯之的热忱，对专业主义的顶礼膜拜。

《公关2010》这本书就是为信仰而生。

这是国内第一次对中国公关年度大事件的系统洞察，这是国内第一次对中国公关专业领域的年度系统研究。通过这项研究，我们可以逐步找到中国公关业的发展脉络，可以逐步洞察到中国企业及社会的发展趋势，可以逐步推动公关知识在行业内外的普及和教育。

我们希望，这项研究可以持续下去，每年一次。我们希望，在五到十年以后，我们依然可以坚持自己的理想。我们希望，在二十年甚至更远以后，有人继续接过我们的接力棒。我们希望，所有有志于公关行业或对公关有兴趣的同仁们在这里可以读懂中国公关。

感动的是，为了这个共同的信仰，诸多中国公关界的精英们济济一堂，牺牲了他们的宝贵时间，奉献出他们的智慧和力量。

特别需要感谢的是，正由于注意力公关顾问机构董事长马苏格先生的高瞻远瞩，才使得《公关2010》这本书应运而生，这是对注意力公关十周年的最佳献礼。而陈向阳副秘书长将这项研究更是提升到了中国公关业的行业标准高度上，正是在中国国际公关协会专业委员会的大力指导，才使得该书有了不同寻常的视角。

我们的其他三位编委会成员，中山大学公共传播研究所所长廖为建、中山大学传播与设计学院副院长张宁和国际关系学院副院长郭惠民对该书框架与内容进行了全方位指导，并分别为本书作序或撰写点评。《创业家》杂志社长牛文文亲自为本书作序，胡百精、徐俊、梁启春等学界和企业界的精英亲自执笔撰写点评，使得每个领域案例分析得到升华，感谢他们在百忙之中抽出时间。

还要感谢的是南方日报出版社副社长谭庭浩，正是他对市场的敏锐洞察，将这本书的名字由《2010年中国公关年鉴》改为《公关2010》，一下子使得该书的可读性和市场吸引力大大增强。

还有，刘彦平博士对城市形象板块的指导，钟清声对财经公关板块的撰写及指导，龚周方博士撰写了章子怡危机公关案例，并对名人公关板块进行了指导，以及注意力公关同仁们黄伟士、刘年喜、李堃弘、罗莹莹、南九衣、潘军、苏彬、孙颖、吴垠、吴发、谢道明、杨耀宗对本书的大力贡献。

中山大学中国企业舆论研究报告课题组的同学们对本书亦做出了贡献。陈鹏、邓壹飞等为本书进行了大量设计、排版工作；注意力公关研究院同事参与了本书的编辑、校对。

此外，还有很多未提及的专家和同事也从不同方面给予了支持，在此也一并致谢。

万事开头难，《公关2010》作为中国公关年度研究的开端之作，仍有诸多不足之处。我们希望在过程中慢慢完善，也希望这份理想能够一直坚持下去，与各位共勉！

2011年3月12日